PE. JOSÉ CARLOS PEREIRA, CP

SERVIÇOS DE ALTAR

Orientações para agentes e equipes que servem o altar

EDITORA
SANTUÁRIO

DIREÇÃO EDITORIAL:
Pe. Fábio Evaristo R. Silva, C.Ss.R.

CONSELHO EDITORIAL:
Cláudio Anselmo Santos Silva, C.Ss.R.
Edvaldo Manoel Araújo, C.Ss.R.
Ferdinando Mancilio, C.Ss.R.
Gilberto Paiva, C.Ss.R.
Marco Lucas Tomaz, C.Ss.R.
Victor Hugo Lapenta, C.Ss.R.

COORDENAÇÃO EDITORIAL:
Ana Lúcia de Castro Leite

COPIDESQUE:
Luana Galvão

REVISÃO:
Sofia Machado

DIAGRAMAÇÃO:
José Antonio dos Santos Junior

Dados Internacionais de Catalogação na Publicação (CIP) de acordo com ISBD

P436s	Pereira, José Carlos
	Serviços de altar: orientações para agentes e equipes que servem o altar / José Carlos Pereira. - Aparecida : Editora Santuário, 2021. 216 p. ; 16cm x 23cm.
	Inclui bibliografia. ISBN: 978-65-5527-104-1
	1. Religião. 2. Cristianismo. 3. Igreja. 4. Altar. 5. Serviços. I. Título.
2021-1634	CDD 240 CDU 24

Elaborado por Vagner Rodolfo da Silva - CRB-8/9410

Índice para catálogo sistemático:
1. Religião : Cristianismo 240
2. Religião : Cristianismo 24

2ª impressão

Todos os direitos reservados à **EDITORA SANTUÁRIO** — 2024

Rua Pe. Claro Monteiro, 342 – 12570-045 – Aparecida-SP
Tel.: 12 3104-2000 – Televendas: 0800 016 00 04
www.editorasantuario.com.br
vendas@editorasantuario.com.br

SUMÁRIO

Introdução 5

1. Comentaristas... 7
2. Leitores..17
3. Mesces – ministros extraordinários da distribuição
   da Sagrada Comunhão Eucarística............................... 33
4. Acólitos 57
5. Coroinhas 65
6. Sacristãos 83
7. Equipes de canto litúrgico 89
8. Salmistas.. 103
9. Operadores de multimídia e sistemas de som 111
10. Mestres de cerimônia ou cerimoniários................... 117
11. Diáconos... 121
12. Concelebrantes 127
13. Presidente da celebração ou celebrante principal.....135
14. Outros servidores de altar 147
15. Vocabulário litúrgico dos servidores de altar......... 151

Considerações finais 211
Referências bibliográficas..213

INTRODUÇÃO

Este é um subsídio para ajudar as equipes que servem o altar. Uma Missa bem preparada e bem celebrada, na qual cada um conhece sua função e a dos demais, e a executa com eficácia, faz com que ela transcorra harmonicamente, como requer a liturgia, sendo algo vivo e encarnado na vida da assembleia reunida, de modo que o mistério celebrado seja, de fato, vivido.

Fazem parte da equipe de celebração aqueles que, direta ou indiretamente, desempenham alguma função durante a missa. Dentre eles estão os comentaristas; os leitores; os ministros extraordinários da distribuição da Sagrada Comunhão Eucarística (conhecidos como MESCEs); os acólitos; os coroinhas; os sacristãos; os que participam das equipes de canto, coral ou ministérios; os mestres de cerimônia ou cerimoniários; os diáconos, padres concelebrantes e o presidente da celebração. Coloquei também como partícipes da equipe de celebração os operadores de multimídia e som, pois deles dependem a qualidade da comunicação em uma celebração. Eles cumprem um papel importante dentro da celebração, mas nem sempre são vistos como membros de equipes que servem o altar. Porém, se seu trabalho não estiver em sintonia com os demais, a celebração poderá não transcorrer como o planejado. Assim sendo, a celebração é um trabalho de equipe. Paróquias ou comunidades que não têm uma equipe que prepara e celebra empobrece a liturgia.

Trabalhar em equipe é dividir tarefas e funções. Como afirma a Instrução Geral do Missal Romano: "A celebração da Missa, como ação de Cristo e do povo de Deus hierarquicamente ordenado, é o centro de toda a vida cristã".[1] A equipe de celebração está hierarquicamente ordenada, e cada um tem algo específico a cumprir dentro do ritual da Missa. Isso não quer dizer que um membro seja mais importante que outro, mas que todos têm seu lugar e sua função, participando cada um conforme sua condição e, assim, recebendo e proporcionando que outros recebam mais plenamente dos frutos dessa ação litúrgica.

Para facilitar esse trabalho em conjunto, prepararei este roteiro em que coloco, passo a passo, as principais incumbências de cada membro dentro dessas equipes, apontando algumas coisas que se devem observar e evitar acerca das celebrações. Todas essas orientações estão conforme os documentos da Igreja, principalmente as Instruções Gerais do Missal Romano, o Cerimonial dos Bispos – Cerimonial da Igreja e a Constituição *Sacrosanctum Concilium* sobre a Sagrada Liturgia. Além desses dois documentos, foram consultadas outras fontes bibliográficas para compor o conjunto deste subsídio. Essas fontes estão indicadas na bibliografia final.

Este subsídio traz também no final um vocabulário litúrgico. São muitos os termos e as palavras usadas na Igreja que são praticamente desconhecidas por grande parte dos membros das equipes de celebração e dos fiéis em geral. Algumas dessas palavras são desconhecidas por já terem caído em desuso, outras por serem pouco usadas, ou ainda, por serem complexas, não fazem parte do vocabulário do dia a dia das pessoas que atuam na Igreja, mas nem por isso deixa de ser importante conhecê-las pelo nome e sua função. Quem atua na Igreja, sobretudo, nas equipes de celebração e na liturgia deve conhecer pelo menos uma parte das palavras desse glossário. Nesse sentido, reuni aqui uma lista de termos que ajudam a ampliar o vocabulário dos membros das equipes de celebração, da liturgia, dos fiéis em geral e, assim, servir melhor, ou participar melhor da missa.

---

[1] Cf. Instrução Geral do Missal Romano. Cap. I. Importância e dignidade da celebração Eucarística, n. 1, p. 31.

1

COMENTARISTAS

Vou usar aqui a nomenclatura de comentarista porque é essa a usada na Instrução Geral do Missal Romano, embora também os chamem de animador, comentador ou outros nomes.

A figura do comentarista na Missa é importante, mas não imprescindível. Há paróquias que já dispensaram essa função, mas outras ainda a mantêm. Neste caso, é importante desempenhar a função com o máximo de discrição, sempre usando de bom senso. Assim sendo, seguem abaixo algumas recomendações e orientações que ajudarão no bom desempenho desse serviço dentro da equipe de celebração.

O comentarista é aquele que faz os comentários da Missa, ou seja, aquele que é designado para fazer a acolhida da assembleia e da equipe de celebração e comentar outras partes da Missa ou celebração da Palavra, se necessário. Não precisa ser ele quem elabora os comentários, mas é ele quem os lê ou os faz espontaneamente, dependendo da ocasião. Porém, para fazer espontaneamente o comentário da Missa, é preciso que ele tenha habilidade, seja uma pessoa que consiga se comunicar bem, com capacidade de síntese. As mesmas regras valem se for ele quem elabora os comentários. Segundo a instrução geral do Missal Romano, "o comentarista dirige aos fiéis explicações e exortações, visando a introduzi-los na celebração e dispô-los para entendê-la melhor. Convém que as exortações do comentarista sejam cuidadosamente preparadas, sóbrias e claras. Ao desempenhar sua função, o comentarista fica em pé em lugar adequado voltado para os fiéis, mas é menos conveniente que suba ao ambão?"[2]

Aqui a Instrução Geral do Missal Romano já esclarece uma dúvida muito frequente desses servidores de altar: onde se posicionar. Vemos claramente que a sugestão é que ele se posicione em um lugar adequado, que não seja o ambão ou a mesa da Palavra, no qual possa ver a assembleia e ser visto por ela. Essa afirmação é repetida mais adiante, em que se afirma: "é menos conveniente que usem ambão o comentarista, o cantor ou dirigente do coral"[3]. Porém é importante destacar que isso é apenas uma sugestão. Não é "pecado", ou não litúrgico, o comentarista fazer o comentário do ambão. Apenas não é o mais conveniente, talvez por duas razões: porque os comentários não são leituras bíblicas, não fazem parte do rito da Missa e porque na mesa da Palavra ou no ambão a pessoa do comentarista se torna mais visível, e não é esse o objetivo de sua função. Porém a Instrução geral do Missal Romano não explica o porquê da não conveniência de o comentarista ocupar o ambão ou a mesa da Palavra para proferir o comentário.

Há lugares em que a função do comentarista se estende além da função de ler o comentário. Antes de a missa começar, ele fica à porta, acolhendo os que chegam. É isso que encontramos na letra "b" deste mesmo número (68) da Instrução Geral que diz: "os que, em certas regiões, acolhem os fiéis às portas da igreja e os levam a seus lugares e organizam suas procissões". Assim, fica bem se o comentarista desempenhar também essa função, porque sua função é de acolhida. No tocante a organizar a procissão, isso fica a cargo dos acólitos. Porém, onde não há acólito, o comentarista poderá exercer essa função como extensão do acolhimento, conforme sugere a Instrução geral do Missal Romano.

É importante que o comentarista saiba que toda celebração litúrgica consiste em uma ação desempenhada por uma equipe. Para fazer um bom trabalho, é importante que todos saibam qual é seu

---

[2] Cf. Instrução Geral do Missal Romano, n. 68, letra a, p. 49.
[3] Cf. Instrução Geral do Missal Romano, n. 272, p. 81.

papel e sua função dentro da celebração. Assim, um não ocupa o espaço do outro e a celebração transcorre em perfeita harmonia. Desse modo, é importante que o comentarista saiba qual é seu papel dentro da equipe e procure desempenhá-lo bem. Sua função, portanto, é fazer a abertura da celebração, acolhendo a todos por meio de um pequeno texto introdutório ou espontaneamente; ler as intenções da Missa; dar os avisos finais (se estes não forem dados pelo presidente da celebração).

Nessa acolhida é bom evitar ler textos muito extensos, com palavreados desnecessários, prolixos ou herméticos, mas também não improvisar ou usar palavras chulas ou gírias. Se a acolhida for espontânea, isto é, sem ter em mãos um texto escrito, procure elaborar, mentalmente, o que será dito e o faça com desenvoltura.

Ao convidar a assembleia para o início da celebração, evite expressões de dúbio entendimento ou que não correspondam ao que, de fato, será feito, como, por exemplo: "vamos ficar de pé para receber a equipe de celebração e o padre, cantando". Primeiro, a assembleia não fica em pé para receber a equipe de celebração e o padre. Ela fica em pé em uma postura de alerta, prontidão para dar início à celebração. Segundo, evite a expressão "receber o padre, cantando". Dá-se a entender que a assembleia ficou em pé para receber o padre que entra pelo corredor central, cantando, como se ele fosse um "pop star", um cantor que irá dar um show. Ele até poderá entrar cantando, juntamente com a equipe de canto, se desejar, mas não é o canto do padre que se deve enfatizar no anúncio feito pelo comentarista. Muitos padres nem entram cantando, mas centrados na celebração, como é recomendado. Portanto evite essa expressão. O mais correto é: "fiquemos em pé para darmos início à celebração e receber, cantando, a equipe de celebração e seu presidente, padre (fulano de tal)".

Quanto à leitura de intenções, a maioria dos fiéis gosta de ouvir, no início da Missa, as intenções, principalmente quando se marcou alguma. Há paróquias que possibilitam a leitura das intenções um pouco antes do início da celebração. Outras que permitem a leitura após o comentário inicial, de acolhida. Outras que as leem na hora da oração da coleta e outras que não as leem, mas colocam sobre o altar, ou em local apropriado, a folha ou o livro das intenções. Qual é o mais correto? O mais correto é ter um procedimento que não interfira na harmonia da celebração. Por isso vale o bom senso e a análise de cada realidade. Quando há muitas intenções e é tradição, isto é, a comunidade faz questão que elas sejam lidas, o mais sensato é lê-las primeiro, alguns minutos antes da celebração, como, por exemplo, se a Missa for às 9h e houver mais de cinquenta intenções marcadas, lê-las uns cinco ou dez minutos antes do início da Missa. Deve-se evitar ler uma lista infinda de intenções na hora da oração da coleta. Nesse momento, são reunidas as intenções daquela missa e rezada sobre elas, mas não é preciso lê-las para serem acolhidas por Deus. Por isso a razão do nome, intenções. O que vale é a intenção, e não a pronúncia da intenção, isto é, do nome da pessoa ou do motivo pelo qual se marcou a intenção. Fica bem anotá-las em um livro, ou em uma folha, e levá-las ao altar na hora da oração da coleta ou no início da celebração. Se as intenções forem lidas, após a leitura, devem ser colocadas sobre o altar, ou na credência, ou conforme a orientação do presidente da celebração. Pergunte ao presidente da celebração como ele deseja que seja feito.

Outra dúvida frequente é sobre os comentários antes das leituras. Evite ler comentários das leituras, é totalmente desnecessário esse procedimento. Além disso, eles tornam a celebração repetitiva e, consequentemente, cansativa e com palavreado desnecessário. Quem deve fazer comentários e referência às leituras proclamadas é o presidente da celebração, na hora da homilia. Ao comentarista cabe o silêncio nessa hora. Portanto deixe de lado aqueles comentários enormes que comumente trazem alguns folhetos e subsídios para as Missas. O mais indicado, antes da liturgia da Palavra, é um mantra, um refrão breve que coloque as pessoas em clima de oração, em alerta para ouvirem as leituras que serão proclamadas. E quem deve entoar esse mantra, ou canto, é a equipe de canto.

Os avisos finais podem ser dados pelo comentarista, porém, quando são dados pelo presidente da celebração, a assembleia presta mais a atenção a eles. Caso os avisos sejam dados pelo comentarista, é preciso que ele procure falar com clareza e objetividade; evite se estender, floreando os avisos com comentários desnecessários e até redundantes. Isso só contribui para tornar a celebração cansativa. O mais indicado é que os avisos estejam escritos e que se atenha ao que está no texto. Isso não quer dizer que eles tenham de ser lidos para a assembleia de modo mecânico e artificial. Pelo contrário, quem dá os avisos deve enfatizá-los, lê-los com convicção, dando vida ao anúncio. Não é recomendado dar mais do que quatro avisos em uma mesma celebração, porque dificulta a memorização e, portanto, perde a função de comunicação. Assim sendo, procure selecionar, juntamente com a equipe de liturgia, o pároco ou o presidente da celebração, os avisos mais importantes. Os demais sejam colocados, junto com os que foram dados na Missa, no mural, ao fundo da Igreja. Assim, quem tiver interesse poderá consultá-los. Se a igreja usa algum sistema de projeção, é importante projetar os avisos enquanto eles são lidos pelo comentarista. Assim facilita a assimilação para os que têm memória visual.

Também é indicado que os membros da equipe de celebração usem vestes apropriadas, principalmente leitores e comentaristas. Caso a paróquia não adote tais vestes, procure se vestir adequadamente, evitando roupas muito curtas, com decotes, muito apertadas, com propaganda de produtos, com frases de duplo sentido, isto é, muito escandalosas, tendenciosas ou com qualquer outra ideologia. Ao atuar na celebração como comentarista ou leitor, evite usar camisas de time de futebol ou com propagandas, usar bermudas ou qualquer outro tipo de vestimenta que não seja condizente com o espaço de celebração.

Se as vestes adequadas são importantes, também é importante a postura e o comportamento de quem faz os comentários da missa. A recomendação básica é: mantenha uma postura adequada. Sente-se e se levante nos momentos indicados na celebração, de maneira adequada; fale olhando para a assembleia; evite olhar sempre para a mesma direção ou para uma pessoa específica, pois você está falando para a assembleia e não para esta ou aquela pessoa. Uma técnica para se comunicar bem é olhar sempre para os últimos bancos. Assim, dá-se a impressão de que se está olhando para todos, indistintamente. Quando estiver sentado, esteja atento ao que está sendo desenvolvido no presbitério. Por exemplo, se é o momento da proclamação da Palavra, esteja com o olhar voltado para a mesa da Palavra; se o presidente da celebração está desempenhando sua função no altar, esteja com o olhar voltado para o altar; enfim, que o olhar do comentarista esteja voltado para quem está, naquele momento, desempenhando a ação principal na liturgia. A postura do comentarista fala mais que sua comunicação verbal. Assim sendo, tome cuidado com todos os detalhes e evite ficar diante da assembleia desatento, fazendo outra coisa que não tenha a ver com a celebração; evite conversas durante a celebração; só fale se for, de fato, necessário; não demonstre atitude de descaso, ironia, dispersão, sonolência ou qualquer outra atitude que desmereça e desqualifique a celebração. Lembre-se: você é uma espécie de anfitrião da celebração e deve estar atento a todos os detalhes, mesmo que você esteja fora do presbitério. Se surgir algum imprevisto, procure a melhor forma de solucioná-lo, sem chamar muito a atenção da assembleia. Evite ficar circulando no presbitério ou em qualquer outra parte da igreja; saia de seu posto somente se for necessário; ao passar diante do altar, se isso for necessário, faça a vênia ou reverência.

O comentarista é o único membro da equipe de celebração que não entra na procissão inicial, porém, ele sai junto com a equipe, na procissão final. Portanto siga a equipe na hora de deixar o presbitério, conforme pedem as normas litúrgicas. Primeiro o cruciferário – aquele que leva a cruz – e o turiferário – aquele que leva o turíbulo, com o incenso (se houver); depois o comentarista. Atrás do comentarista virão os leitores, os ministros extraordinários da Sagrada Comunhão, os acólitos e coroinhas e o presidente da celebração. Vá com a equipe até a sacristia (ou local apropriado) e faça a reverência final. Depois, coloque-se à disposição para ajudar a guardar os materiais usados durante a Missa, caso isso seja necessário, ou vá até a porta para se despedir das pessoas, juntamente com os membros da pastoral do acolhimento (se houver).

O ideal é que as pessoas que desempenham a função de comentarista na Missa façam também parte de alguma pastoral, não se restringindo apenas a essa função. A mais indicada é a Pastoral da Acolhida ou do acolhimento. Assim, a função de comentarista seria uma extensão dos trabalhos dessa pastoral. É inadequado desempenhar a função de comentarista uma pessoa que não tenha nenhum envolvimento pastoral com a comunidade. Quando isso ocorre, torna-se algo artificial e meramente como uma obrigação. Não tem sentido, por exemplo, convidar uma pessoa visitante para fazer o papel de comentarista na Missa. Como ela irá acolher a comunidade se é apenas visitante? Quanto mais ela estiver envolvida na comunidade, mais ela se encaixará na função de comentarista, desde que tenha habilidade e carisma para essa função.

E por falar em habilidade e carisma, como já foi apontado, além do envolvimento pastoral com a comunidade, é preciso que, ao desempenhar a função de comentarista na Missa, a pessoa tenha capacidade para tal função. Capacidade significa, entre outras coisas, habilidade, carisma, dom. Que seja uma pessoa que saiba se comunicar bem; que tenha boa dicção; que leia corretamente; que use adequadamente o microfone; que saiba se posicionar diante da assembleia; que transmita simpatia, sem exageros; que aja com naturalidade, evitando demonstrar nervosismo ou falta de tato; que tenha bom senso e se vista adequadamente, enfim, que se porte adequadamente.

Para ser um bom comentarista é preciso ter formação e estar informado sobre o conjunto da celebração. Por essa razão, não é conveniente convocar alguém de última hora para fazer o comentário. Quando falo de formação, refiro-me principalmente à formação litúrgica. É bom que se tenha também formação bíblica, cristológica e em eclesiologia. Não precisa ser um teólogo, mas algumas noções básicas nessas áreas ajudam no bom desempenho da função. Quem vai desempenhá-la precisa ter prioritariamente noções básicas sobre a liturgia. Assim sendo, procure participar de cursos de liturgia, ler livros e demais subsídios dessa área. Conheça a Missa parte por parte e saiba em que momento precisa agir e como se deve agir. Há muitos subsídios, basta ter vontade de aprender. Seja, portanto, autodidata e busque se aperfeiçoar por conta própria. Se tiver dúvida, pergunte ao padre ou a quem sabe melhor do que você. Não se esqueça também de treinar sobre o uso correto do microfone. Embora isso pareça um detalhe, é fundamental para a boa comunicação. Quanto à informação, além daquilo que é comum do roteiro próprio da celebração, saiba o que vai acontecer de especial durante a Missa, pois, às vezes, a equipe de liturgia prepara alguma dinâmica, como, por exemplo, a entrada de algum símbolo no início da Missa, aspersão durante o Ato Penitencial, entrada do Livro Sagrado na liturgia da Palavra, alguma dinâmica após a comunhão ou alguma coreografia em algum momento oportuno etc., conforme o tempo litúrgico e a data que se está celebrando. Estar inteirado de tudo o que vai ocorrer durante a celebração e em qual momento irá ocorrer é de suma importância para quem desempenha a função de comentarista. Muitas dessas atividades necessitam da sua participação dele para serem desenvolvidas com mais compreensão. Assim sendo, quem desempenha essa função deve ler atentamente o roteiro da celebração antes de ela acontecer. Se possível, uns dias antes. Assim se poderá desempenhar com mais habilidade a função, e a celebração transcorrerá conforme o planejado, evitando erros e desencontros de informação.

Todo bom comentarista é uma pessoa que exercita sua espiritualidade por meio de uma vida de oração. Afinal, é ele que tem a função de "costurar" as partes da celebração, para que ela se desenvolva em um todo harmônico, dentro do mistério celebrado. Entretanto não pode ser uma pessoa meramente profissional, como um comentarista de um evento qualquer, não religioso, pois não basta estar presente na celebração apenas no dia que irá desempenhar a função. É preciso ter frequência assídua nas celebrações, participar de retiros e levar uma vida de oração pessoal e comunitária. Além disso, é importante estar em dia com os sacramentos e confessar periodicamente etc.

São quesitos importantes na vida de quem desempenha a função de comentarista na Missa: a integridade e a idoneidade. A pessoa que faz o comentário fica exposta diante da comunidade e, se ela leva uma vida desregrada, com máculas de cunho ético e moral, ou se é uma pessoa que tem desavenças na comunidade, que não respeita seu próximo, que vive envolvida em contendas etc., não fica bem tê-la nessa função, pois se está lidando com o sagrado e com o sagrado todo cuidado é necessário. Não precisa ser uma pessoa santa, mas sim uma que se esforce na busca da santidade.

A humildade e a gentileza são outros dois elementos importantes na atitude de quem desempenha essa função. Eles fazem parte da educação. Uma pessoa arrogante, que inspira ares de superioridade perante os demais, não serve para desempenhar a função de comentarista na Missa. Ser humilde e gentil não é ser uma pessoa sonsa e sem ação, mas ser uma pessoa acessível, educada, que escuta as opiniões, as críticas, esforça-se para dar o melhor de si, sabe discernir o que é bom e acata as opiniões e os conselhos quando eles, de fato, contribuem para o melhor desempenho de suas atividades e da celebração como um todo. O comentarista precisa ser alguém que saiba reconhecer seus erros, procure aprender com eles e esteja sempre aberto a aprender coisas novas e a aprender com os demais. Precisa ser aquele que pede perdão quando sente que ofendeu alguém e se desculpa sempre que for necessário. Ao solicitar algo, diz "por favor" e, ao receber ajuda, diz "muito obrigado". Deve ser uma pessoa educada; e isso se adquire, pois ninguém nasce educado, educa-se no processo de crescimento. A pessoa educada é sempre elegante; elogia mais que critica; escuta mais do que fala; não usa tom superior de voz ao se dirigir aos demais, principalmente quando se trata de pessoas mais humildes; evita assuntos constrangedores; não se sente bem em humilhar as pessoas; é pontual em seus compromissos; demonstra interesse por assuntos que desconhece; cumpre o que promete; ajuda sem olhar a quem; sabe reconhecer os esforços, a amizade e as qualidades dos outros; não muda seu estilo apenas para adaptar ou agradar os outros; retribui carinho e solidariedade; sabe silenciar diante de rejeições; sorri sempre, mesmo que seu interior não esteja tão bem; olha nos olhos quando conversa; não paga o mal com o mau. Enfim, pessoas elegantes são bem vistas, queridas, e isso é extremamente favorável no ato de acolher, seja durante a Missa ou em qualquer outra ocasião.

2

LEITORES

Leitores são aqueles que leem as leituras bíblicas durante a Missa. Sua função é chamada de leitorado ou leitorato. Na hierarquia dos sacramentos, o leitorado juntamente com o acolitado são graus que antecedem o sacramento da ordem. Por exemplo, antes de um seminarista ou leigo receberem o sacramento do diaconato, eles recebem os graus de leitorado e acolitado, podendo ser oficialmente leitores e acólitos nas Missas. No entanto, a maioria dos leitores que atuam nas Missas não receberam esse grau e atuam com pouca ou nenhuma preparação, o que não é o mais indicado, porque ler na Missa não é algo tão simples como muitos podem imaginar. Essa função exige da pessoa uma série de quesitos que nem sempre todos possuem. É algo muito sério e rigoroso que carece de preparação e disposição da pessoa que irá desempenhar essa função. É o que vamos ver aqui, nestas orientações. Antes, porém, quero lembrar que os textos bíblicos não devem ser apenas lidos, como se fossem um texto qualquer; é preciso que se coloque vida nessa leitura. Essa é a diferença fundamental entre uma leitura bíblica e uma leitura de um texto qualquer. A pessoa que lê ou proclama a Palavra de Deus empresta a ele seus lábios, sua língua e sua voz para que a Palavra de Deus seja anunciada à assembleia que a ouve atentamente. É preciso, a priori, ter essa consciência para poder desempenhar com respeito e sabedoria a leitura da Palavra de Deus, para poder conferir-lhe a dignidade que ela merece.

Quero esclarecer uma dúvida que muitos têm: qual a expressão mais correta: ler, recitar ou proclamar? Como o próprio Lecionário enuncia, a primeira e a segunda leituras são lidas e não proclamadas. O que é proclamado é o evangelho. Tanto é assim que está escrito no início, por exemplo, "leitura da profecia de Isaías, ou leitura da primeira carta de São Paulo aos Coríntios". Quanto ao Salmo, não é lido nem proclamado, é recitado ou salmodiado. Salmodiar é a expressão mais frequente. O leitor deve saber, de antemão, essa diferença para conferir às leituras a qualidade que elas pedem. O mesmo serve para os Salmistas e para quem proclama o evangelho. Como são três leituras distintas, elas carecem de expressões distintas ao serem lidas, recitadas, salmodiadas ou proclamadas.

Desse modo, quem vai ler ou salmodiar a Palavra na Missa deve se preparar com antecedência. Não é correto escolher leitores de última hora. Esse procedimento revela não apenas desorganização litúrgica da comunidade, mas também desrespeito com a Palavra de Deus. A preparação prévia consiste na leitura e meditação do texto antes de proclamá-lo. O ideal seria que cada leitor soubesse e se preparasse pelo menos uma semana antes da proclamação da Palavra para a assembleia. Um método muito eficaz para essa preparação prévia é a *Lectio Divina*, a leitura orante do texto bíblico a ser proclamado. Esse método consiste em quatro passos (leitura, meditação, oração e contemplação), que possibilitam: saber o que o texto diz; meditar o que foi lido; rezar seu conteúdo; e contemplar Deus a partir da leitura. Para isso, ao usar esse método de leitura, é preciso perguntar: o que o texto me diz? O que o texto me faz dizer a meu próximo? O que esse texto me faz dizer a Deus? Nesse estágio, o leitor mergulha no mistério de Deus e saboreia o texto, extraindo dele o essencial. Feito esse procedimento, estará preparado para proclamar a Palavra durante a Missa. Não tenha receio de dizer não quando alguém lhe convidar, de última hora, para fazer uma leitura bíblica na Missa. Diga à pessoa que lhe convidou que não está preparado, mas que, se ela desejar, poderá fazer a leitura na próxima semana. Assim você terá tempo de se preparar conforme o indicado acima.

Todo leitor deve ser uma pessoa responsável. Ao assumir a leitura, deve ter alguns procedimentos que revelem seu compromisso com Deus, com a equipe de celebração e com a assembleia. Assim sendo, não falte a seu compromisso se você está escalado para fazer a leitura. Caso surja algum imprevisto, ligue com antecedência para a pessoa responsável pela liturgia e avise da impossibilidade de comparecer. Quanto antes ela for avisada, mais tempo ela terá de buscar outra pessoa e esta, por sua vez, poderá se preparar adequadamente. Quem assume ler a Palavra de Deus e no dia não aparece e nem dá satisfação é uma pessoa irresponsável e não merece exercer essa função sagrada; a menos que tenha ocorrido um imprevisto.

O leitor também deve ser uma pessoa organizada. A organização não deve ser apenas da parte de quem vai ler a Palavra, mas de toda a equipe de liturgia e de celebração. O ideal é ter uma escala dos leitores da semana e das missas dominicais e solenidades, em uma espécie de rodízio, em que todos, em algum momento, possam ler a Palavra em uma (ou mais) celebração. Com a escala, fica mais fácil as pessoas se organizarem de acordo com sua agenda. Assim, o leitor terá tempo de se preparar adequadamente ou de buscar outra pessoa, no caso de não poder se fazer presente naquela data. É muito desagradável chegar a hora da celebração e não ter ninguém para fazer a leitura da Palavra. Quando isso ocorre, a equipe de liturgia dá demonstração de sua desorganização. Outros elementos fazem parte da organização e os veremos mais adiante.

Outra característica importante do leitor é a fidelidade. Esse procedimento faz parte da responsabilidade e da organização. Um leitor fiel é aquele que comparece a seu compromisso com antecedência. Quem é fiel ao compromisso assumido chega, ao menos, quinze minutos antes do início da celebração. O ideal mesmo é chegar meia hora antes. Assim, terá tempo de consultar o lecionário e verificar se as leituras estão marcadas corretamente; verificar se a versão do lecionário é a mesma para a qual se preparou. Se não for, terá tempo de fazer uma leitura rápida antes da leitura oficial. Quem falta mais de uma vez seguida em sua escala de leitura, sem justificativa convincente, demonstra falta de fidelidade, exceto se for por motivos de doença. Em caso de demonstração de falta de fidelidade, deve-se, portanto, evitar convidar esse leitor a ler na Missa. A fidelidade consiste também em se ater ao texto e não floreá-lo com palavras, termos ou expressões que não estão no livro, como, por exemplo, dizer ao término da leitura "palavras do Senhor". O correto é dizer "Palavra do Senhor", no singular e não no plural, conforme se encontra no lecionário. Ou, então, pronunciar alguma palavra de modo incorreto. Esse é um erro muito comum entre os leitores, principalmente entre aqueles que não fazem uma preparação prévia. Ao ter dúvida de como se pronuncia determinada palavra, deve-se perguntar antes a quem sabe. A pronúncia errada pode comprometer a compreensão do texto perguntar ou tornar algo cômico e tirar a concentração da assembleia ou daqueles que perceberam o erro. É importante também manter fidelidade quanto às normas litúrgicas. Agir conforme a equipe de liturgia da comunidade orienta, para que a celebração seja harmônica. Algumas dessas orientações serão colocadas no decorrer deste livro, como, por exemplo, fazer uma leve inclinação diante da mesa da Palavra antes de ler o texto. Há quem diga que isso não seja necessário, mas essa postura demonstra respeito com a Palavra. Enfim, sejam fiéis a Deus, sendo fiel à comunidade, a seu compromisso, às normas litúrgicas e ao texto sagrado.

Outra recomendação importante aos leitores é a ação em equipe. Vale lembrar que o leitor faz parte da equipe de celebração e como tal deve agir em conjunto com essa equipe. Agir em equipe significa que a função que ele irá executar não é um ato isolado. Desse modo, reúna com a equipe de liturgia previamente e com a equipe de celebração algum tempo antes de iniciar a Missa. Com a equipe de liturgia, é preciso se reunir dias antes, e com a equipe de celebração pode ser meia hora antes da Missa. Faça uma oração com a equipe, na sacristia, antes de iniciar a Missa; saiba quem são os outros leitores; verifique qual leitura a outra pessoa irá ler. Pode ocorrer de ter havido algum equívoco de duas pessoas estarem com a mesma leitura. Ocupe seu lugar na procissão de entrada; no presbitério, dirija-se a seu lugar e aguarde sua vez de ler; permaneça em seu lugar até a Missa terminar.

Durante a procissão de entrada, o lugar dos leitores é logo após o cruciferário e o turiferário, e librífero, se houver. Após o início do canto de entrada, dirija-se ao presbitério de dois em dois, mantendo uma distância de quem estiver à frente e ao lado. Fica desarmônico quando se está muito próximo, como se estivessem amontoados na procissão. Muito distante também dá a impressão de excesso de visibilidade. Lembre-se: não é uma entrada de casamento ou qualquer outro evento em que se enfatize, individualmente, quem está entrando. A procissão de entrada, embora seja um momento solene da celebração, deve ser feita com discrição. Portanto posicione-se corretamente, calculando, com quem caminha a seu lado, a distância e a sincronia. Evite andar muito rápido ou muito devagar. Caminhe normalmente. Durante a procissão, mantenha as mãos unidas na altura do coração e evite ficar acenando para as pessoas que estão nos bancos. Se tiver de cumprimentar alguém, cumprimente discretamente com um leve aceno com a cabeça ou um sorriso discreto. Quem pode cumprimentar a todos – porém de modo também discreto – é o presidente da celebração. Olhe sempre para frente. Evite ficar olhando para os lados e, em hipótese alguma, olhe para trás. Ao chegar diante do presbitério e da cruz, exposta pelo cruciferário, faça a vênia ou reverência, também de dois em dois, sincronicamente, isto é, ao mesmo tempo, e se dirija para seu lugar no presbitério.

Os leitores podem permanecer no presbitério durante a celebração ou em lugares previamente preparados para eles fora do presbitério. Desse lugar só deverão sair quando for necessário, como, por exemplo, na hora da leitura, da comunhão e do ofertório. Durante a celebração, deverão estar atentos ao que acontece a sua volta e ter o olhar voltado para quem estiver desempenhando a ação litúrgica. Por exemplo, quando alguém estiver lendo, salmodiando ou proclamando a Palavra, será preciso voltar o olhar para a mesa da Palavra. Quando o presidente da celebração estiver desempenhando as funções do altar, o olhar deverá estar voltado para o altar, e assim sucessivamente. Os leitores devem evitar atitude de dispersão, ou qualquer outro comportamento que desmereça a celebração ou quem estiver desempenhando suas funções litúrgicas. Não esqueça que você, leitor, está diante do olhar atento da assembleia. Deve se comportar corretamente não apenas por estar diante das pessoas, mas também por saber do respeito que se deve ter com o sagrado e seu espaço.

Quero destacar que antes e depois de fazer a leitura, o leitor deve se dirigir à frente do altar para a vênia ou reverência. Assim deve ser o procedimento: após a oração do dia, não havendo entrada da Bíblia, o leitor que lerá a primeira leitura deverá se dirigir até a frente do altar, fazer a vênia ou reverência e ir para a mesa da Palavra. Diante dela, deverá repetir o gesto e iniciar a leitura. Ao terminá-la, deverá se dirigir novamente até a frente do altar, onde se encontrará com o salmista. Ambos farão a vênia ou reverência. O leitor deverá voltar para seu lugar e o salmista se dirigir até a mesa da Palavra, repetindo o mesmo gesto do leitor anterior. São estes os momentos que se faz vênia ou reverência durante a missa: diante da cruz ou toda vez que tiver de passar diante do altar, durante a celebração; na procissão de entrada; antes e depois de leitura; diante da mesa da Palavra, antes de ler a leitura.

A vênia ou reverência é uma leve inclinação que corresponde a uma saudação respeitosa, com mesura. Se buscarmos o significado de vênia ou reverência, encontraremos que esse procedimento significa veneração pelo que se considera sagrado ou se apresenta como tal, respeito profundo por alguém ou algo, em função das virtudes, qualidades que possui ou parece possuir, consideração, deferência. Tratamento que se dispensa aos eclesiásticos, manifestando respeito. Não se faz vênia ou reverência ao padre, mas aos objetos sagrados.

Quero destacar que a liturgia da Palavra é o ápice da função do leitor na Missa. Foi para esse momento que ele se preparou. Assim sendo, procure lê-la adequadamente, seguindo os procedimentos anteriores (da vênia ou reverência) e cuidando para que a Palavra lida seja ouvida e entendida pela assembleia. Lembre-se sempre: o leitor não lê para si próprio, mas para os outros. Portanto preocupe-se com a boa dicção, com o uso correto do microfone, em pronunciar as palavras e frases corretamente, em direcionar o olhar adequadamente para o texto e, vez por outra, para a assembleia, sem se perder. Há quem não concorde que o leitor deva olhar também para a assembleia, mas é importante saber que você não está lendo para você, mas para a assembleia, portanto olhar vez ou outra para a assembleia significa comunicação com ela. Esteja atendo ao olhar, à voz, à postura na mesa da Palavra. Inicie a primeira leitura, por exemplo, da seguinte maneira: "leitura do livro do Profeta Isaías". Não é preciso ler capítulos e versículos, ler comentários ou alguma outra frase do próprio lecionário que não fazem parte da leitura, pois isso pode confundir as pessoas. Basta identificar o livro, conforme foi indicado acima, e iniciar a leitura, pausadamente, respeitando a pontuação, respirando na hora certa e dando acento ao tipo de pontuação. Por exemplo, se for pergunta, dê a entonação de pergunta; se for exclamação, entonação de exclamação; reticências, entonação de reticência etc. Ao concluir a leitura, olhe para a assembleia e diga apenas "Palavra do Senhor". Não invente expressões como: "Palavras do Senhor", "estas são Palavras do Senhor", "para quem crê estas são Palavras do Senhor", e tantas outras frases inventadas e inadequadas para esse momento. Para a leitura bíblica, use um tom de voz natural, sem forçar ou representar, apenas entone a voz, pois ajuda na qualidade da leitura. Não tente mudar a voz ou imitar alguém, porque isso soa falso e teatral. Seja você mesmo. Ler bem não significa representar um papel ou agir como se estivesse em um teatro, em um programa de auditório ou em uma apresentação de telejornal. Basta aplicar as técnicas de uma boa leitura e estará cumprindo da melhor maneira sua função litúrgica.

Quanto ao salmista, ele tem um papel muito importante dentro da Liturgia da Palavra. Muitos confundem o salmista como se ele fosse apenas um membro da equipe de canto e coral. Os salmistas podem até fazer parte dessa equipe, porém, como irá salmodiar a Palavra de Deus, precisaria, se possível, fazer parte de uma equipe de salmistas, pois vai atuar com os demais leitores. O Salmo é um texto bíblico diferenciado, por isso deve ser salmodiado, recitado ou cantado da mesa da Palavra e não diretamente do coro, como alguns insistem em fazer. Por se tratar de Palavra de Deus, de gênero poético, quem for salmodiá-lo deverá dar uma entonação distinta das demais leituras para que se diferencie delas. Por essa razão, o Salmo deve ser salmodiado e não apenas lido ou cantado como um canto qualquer. Além disso, o salmista deve se preparar adequadamente para proferir o Salmo. Estudar bem a melodia a ser usada e lembrar-se de que não se deve colocar melodia de cantos populares, do universo profano, nos Salmos. Ele deverá procurar usar as melodias aprovadas pela Igreja. Jamais substituir o Salmo por outro canto ou versões dos Salmos. A letra deve ser tal e qual a que se encontra no lecionário. Cuidar também para que o Salmo seja ouvido e entendido por todos. Este pode ser acompanhado por instrumento ou cantado à capela, porém nunca o instrumento poderá sobrepor à voz do salmista. O que tem de se sobressair, aparecer é a letra do Salmo, com sua melodia, e não os instrumentos que o acompanham. É preciso que o salmista tenha o bom senso na hora de salmodiar, isto é, não usar roupas extravagantes ou maquiagem que chame atenção para a si e não para o Salmo. Se perceber que não tem condições de salmodiar, não assuma essa função. No Salmo, pode também recitar as estrofes e a equipe de canto, juntamente com a assembleia, responder cantando o refrão. Durante as Missas semanais, não havendo salmista, quem fizer a primeira leitura poderá também recitar o Salmo, cuidando sempre para lê-lo de modo distinto da primeira leitura.

A Igreja tem seus livros próprios para as leituras na celebração, isto é, o leitor não deverá ler por meio de folhetos ou de qualquer outro subsídio que não seja o Lecionário, exceto quando não o tiver. Assim sendo, as leituras devem ser feitas a partir do Lecionário, livro oficial da Igreja, preparado para essa finalidade. São quatro os Lecionários: 1) Lecionário dominical – Ano A, B e C, em que se encontram as leituras correspondentes aos domingos e às solenidades; 2) Lecionário Semanal, em que se encontram as leituras da Semana, correspondentes ao ano (par ou ímpar); 3) Lecionário santoral, para as Missas dos santos, dos comuns, para diversas necessidades e votivas; 4) Lecionário Mariano, para as festas e solenidades de Nossa Senhora. Com esses quatro importantes livros, o leitor não precisa se preocupar em levar para a mesa da Palavra subsídios que são apenas para a assembleia acompanhar a celebração. É importante que os leitores saibam manusear o Lecionário. Para isso, o contato do leitor com esse livro não pode se resumir apenas à hora da leitura na Missa. É importante que ele tenha um contato prévio com o livro, aprenda manuseá-lo para encontrar com mais facilidade as leituras. O Lecionário é um livro que traz as explicações necessárias, basta dedicar um pouco de tempo e consultá-lo.

Outro cuidado que os leitores devem ter é com o uso do microfone. Embora nem todas as igrejas tenham um sistema de som perfeito, isso piora quando quem lê não o utiliza adequadamente. É preciso, portanto, que quem irá ler as leituras bíblicas saiba usar o microfone da melhor forma, não o colocando muito perto ou muito longe da boca; tê-lo em conta e não falar fora dele, como se ele estivesse ali apenas como um acessório desnecessário; calcular a altura da voz e a distância de acordo com a regulagem da altura do som do microfone. Cada pessoa tem um timbre de voz e é praticamente impossível regular o microfone de modo que todos tenham a mesma qualidade, exceto se houver um microfone para cada leitor, ou se a paróquia disponibilizar de um técnico de som durante as Missas que regule o microfone de acordo com a voz de cada leitor; mas isso não é comum de se ter. Como isso nem sempre é possível, conta-se com o bom senso do leitor em adequar sua voz ao tipo da regulagem do microfone e da acústica da igreja. Com o tempo, o leitor aprende a usar essa ferramenta e desenvolve algumas técnicas. Os leitores também devem estar em sintonia com o conjunto da celebração, e não só com a parte que irá desenvolver, e com seu presidente, pois é ele quem conduz a celebração e todas as ações convergem para as que ele desenvolve. O presidente da celebração é como se fosse o regente de um coral. Neste, o olhar, a voz e a postura corporal dos cantores convergem para o regente. Na celebração acontece algo similar. O regente dela é seu presidente. Os demais precisam estar atentos a seus procedimentos. Isso, porém, não pode intimidar o leitor e deixar que o medo ou a insegurança atrapalhem o desempenho de sua leitura. Já foi dito que a celebração é um conjunto harmônico, em que cada pessoa que nela atua tem uma função, que está relacionada com outras, formando um todo, que deve harmonizar a celebração. Quando alguém não desempenha bem seu papel, o conjunto da celebração é prejudicado.

É importante também que os leitores saibam controlar a ansiedade. É comum ficar nervoso antes de ler na Missa, porém, se isso ocorrer, é importante não se assustar, porque a dificuldade não é uma exclusividade, uma vez que a maioria das pessoas, até mesmo as que já desempenham essa função há muito tempo, ficam nervosas nessas horas. O que difere é a maneira de cada um lidar com essa situação. Alguns conseguem disfarçar bem, já outros deixam transparecer o desconforto, e isso os atrapalha ainda mais. O que fazer nesses momentos? Desenvolver algumas técnicas que disfarçam o nervosismo é a solução. Aqui vão algumas sugestões: a primeira é não dizer para as pessoas que você está nervoso, controle-se. Antes de ler, não fique pensando na ação que vai fazer, pois você já teve tempo para isso antes de ir à igreja. Portanto preste a atenção no que está acontecendo, viva o momento atual da celebração e não o que irá acontecer depois. Quando chegar a sua vez de ler, faça tudo com muita calma. Levante-se, dirija-se aos locais previstos (frente do altar para a vênia e mesa da Palavra). Ao chegar diante da mesa da Palavra, firme os dois pés no chão e evite ficar movimentando o corpo. Algumas pessoas, quando ficam nervosas, movimentam o corpo descontroladamente como meio de conter o nervosismo. Esse procedimento só evidencia a ansiedade. O mesmo cuidado deve-se ter com as mãos. Elas revelam a tensão do leitor. Alguns transpiram muito pelas mãos, outros as tremem ou as movimentam de um lado para outro para disfarçar o tremor. O mais correto é posicionar as mãos uma de cada lado do livro e mantê-las firmes. Assim ninguém irá perceber que elas estão trêmulas ou úmidas. Concentre-se na leitura e não nas pessoas que estão na assembleia. O tempo de uma leitura é muito breve, portanto evite ficar enxugando o rosto e escovando a garganta nesse momento. Faça isso antes ou depois. Também não fique mexendo no microfone; faça isso apenas uma vez apenas se ele estiver na posição errada. Ao errar uma palavra e perceber que errou, siga adiante, pois nem todos vão perceber o erro e isso não atrapalhará o bom desempenho da leitura. Ou então corrija imediatamente, mas sem pedir desculpa pelo erro, pois isso só vai evidenciar a falha e interferir na qualidade da leitura. Peça desculpas se for algo mais sério, como, por exemplo, iniciar a leitura errada e ter de retomar outra. Leia com voz firme e procure passar segurança ao interlocutor. Treine antes, isso evita falhas e ajuda a controlar a ansiedade.

Cuidado com as vestes. O mais indicado é que a paróquia tenha vestes apropriadas para seus leitores. Esse procedimento resolve o problema daqueles que se vestem de modo inadequado para o exercício dessa função. Há vestes prontas, que podem ser adquiridas em lojas especializadas, ou a equipe de liturgia poderá confeccionar sua própria veste, levando em conta as orientações litúrgicas para esse tipo de vestimenta.

Todo leitor que respeita as coisas sagradas toma alguns cuidados com relação à aparência, a si mesmo, pois o zelo pessoal reflete o zelo pelo sagrado, pelo espaço e pela liturgia. Além de se vestir adequadamente para participar da Missa, o que supõe roupas recatadas e moderadas, é importante também que a pessoa tenha cuidado com higiene pessoal, isto é, tome banho, escove os dentes, penteie os cabelos etc. Essas dicas, que parecem óbvias, nem sempre são levadas a sério. Lembre-se de que cuidado pessoal não significa exageros. Evite o uso excessivo de acessórios, de maquiagem, de perfumes ou de roupas muito sofisticadas e extravagantes, que chamem muito atenção. A Missa é uma celebração que requer simplicidade e seriedade. O equilíbrio e o bom senso nos cuidados pessoais são posturas importantes. Não vá à Missa como se fosse à praia, mesmo que você viva em uma região quente. Seja simples no vestir; porém simplicidade não é sinônimo de relaxo. Assim sendo, evite usar roupas amassadas, rasgadas ou sujas.

Também é importante que as equipes de liturgia tenham cuidado em relação à faixa etária dos leitores: há uma faixa etária ideal para ser leitor em uma celebração? Diria que não, mas é bom tomar alguns cuidados quanto a esse quesito. Uma vez que a liturgia da Palavra faz parte do "coração" da celebração, uma leitura malfeita faz com que a celebração seja prejudicada, perdendo a qualidade e o brilho. Assim sendo, é bom evitar pedir que crianças façam leitura na Missa; isso poderá ser feito apenas se a Missa for com crianças ou se a criança for de fato uma boa leitora, isto é, esteja devidamente preparada, leia bem, saiba fazer uso do microfone e possa cumprir as recomendações dadas a leitores de qualquer idade. O mesmo serve para pessoas com idade muito avançada, pois elas precisam se locomover, às vezes, subir degraus, além de ter de enxergar bem e ter boa dicção; isso se torna obstáculo para pessoas muito idosas. Quanto a pessoas com deficiência física, deve-se facilitar o máximo seu acesso ao presbitério, à mesa da Palavra e ao livro, o que, dependendo do tipo da deficiência, nem sempre é algo fácil.

Aquele que faz leitura na Missa também deve ter um bom relacionamento com os demais. Não fica bem uma pessoa maldosa, fofoqueira, de má índole ou de comportamento moral ou ético duvidoso, que vive em contenda, que causa discórdias, dentro e fora da comunidade, ler na Missa. Não é questão de julgá-la ou discriminá-la, mas é preciso evitar o convite de ler na Missa à pessoa assim. Aqui vale cumprir aquela passagem bíblica sobre a oferta a Deus, no altar: "se você for até o altar para levar sua oferta e aí se lembrar de que seu irmão tem alguma coisa contra você, deixe a oferta diante do altar e vá primeiro fazer as pazes com teu irmão; depois, volte para apresentar a oferta" (Mt 5,23-24). Portanto se estiver envolvido em alguma discórdia, antes de fazer a leitura na Missa, faça as pazes ou peça desculpas à pessoa com quem teve o desentendimento. É uma atitude coerente com o ministério da Palavra.

Outro procedimento elementar é a capacitação, formação e informação do leitor. Todo leitor deve ter algum tipo de formação para exercer com qualidade esse ministério. Formação significa participar de cursos para leitores e comentaristas, de cursos sobre liturgia, Bíblia e de outras áreas complementares. Se sua paróquia oferece esses cursos, participe. Se não oferece, busque saber onde eles são oferecidos (em outras paróquias, na diocese etc.). Leia subsídios que ajudem em sua formação pessoal e esteja informado do contexto litúrgico, como, por exemplo, tempo litúrgico; temática do domingo; o que vai acontecer dentro da celebração (as dinâmicas, os símbolos etc.). Enfim, não "caia de paraquedas" em uma celebração. Antes de atuar, saiba o que e o porquê se está celebrando neste dia.

Além da formação e informação, é altamente recomendado que o leitor ensaie a leitura do texto: uma dica importante para os leitores é ensaiarem em casa, pois, assim, poderão ser sanadas algumas dificuldades, conhecer a estrutura do texto, as palavras mais complicadas etc.. Lembre-se de que nos textos bíblicos sempre aparece alguma palavra desconhecida, de difícil pronúncia, como, por exemplo, nomes estranhos e termos pouco conhecidos, que nem sempre sabemos como os pronunciar. Saber antecipadamente do que se trata e como se pronunciam as palavras é uma medida prudente. Vou dar como exemplo o texto da genealogia de Jesus (Mt 1,1-17). Embora se trate de um texto do Evangelho, que, portanto, será sempre o padre ou diácono que irão proclamá-lo, ele é um verdadeiro "trava-língua" e exige muita habilidade do leitor para não tropeçar nas palavras. Faça o teste em casa com esse texto e veja como é complicado lê-lo sem cometer nenhum erro.

Tenha atenção também com a escala dos leitores. É recomendado haver na paróquia uma escala de leitores para todas as Missas. Assim, evita-se que a coordenação da equipe de celebração tenha de improvisar leitores. Os leitores devem ficar atentos ao dia e hora de sua atuação na Missa. Para não esquecer, anote seu dia de atuação na agenda ou em algum local que ajude você a lembrar desse seu compromisso. Se não tiver agenda, encontre uma forma de não esquecer o compromisso. Na impossibilidade de comparecer, avise com antecedência os responsáveis.

Segundo a Instrução Geral do Missal Romano, leitor é um ofício na Missa. Tanto é assim que o título da parte de que trata do leitor é "Os ofícios do leitor" (n. 148-152). Para encerrar este capítulo, exponho e comento esses ofícios apontados pela Instrução Geral do Missal Romano. Os números 148 e 149 mostram ofícios do leitor que são pouco conhecidos ou praticados em nossas celebrações. Eles correspondem aos ritos iniciais da Missa. Isso mesmo, o leitor tem também função nos ritos iniciais da Missa, como podemos ver nesta Instrução: "na procissão para o altar, faltando o diácono, o leitor pode levar o livro dos Evangelhos; nesse caso, caminha à frente do sacerdote, do contrário, com os demais ministros"[4]. Ou seja, o leitor pode exercer a função ou ofício de librífero. Isso é indicado porque é ele quem vai fazer a leitura. Porém, na maioria de nossas paróquias, onde há diversos coroinhas e acólitos, um desses exerce a função de librífero, como veremos mais adiante. Em Missas em que se faz a entrada da Bíblia (de preferência do Lecionário ou, conforme a indicação da Instrução geral do Missal, do livro dos evangelhos ou evangeliário), quem deve levá-la é o leitor que vai proferir a primeira leitura. Essa é uma indicação litúrgica que ajuda na harmonia da celebração. Nesse caso, havendo entrada do evangeliário, e não havendo diácono, coroinha ou acólito, o leitor poderá exercer esse ofício, levando o livro à frente do sacerdote. Caso o leitor não exerça essa função, ele deve ocupar outro lugar na procissão de entrada, que é junto com os demais ministros.

Ainda em relação a esse ofício de levar o livro na procissão, a Instrução Geral diz: "ao chegar ao altar, fazendo com o sacerdote a reverência devida, sobe ao altar, depõe sobre ele o livro dos Evangelhos e se coloca junto com os demais ministros no presbitério"[5]. Aqui são indicadas e elucidadas outras questões em relação a esse procedimento. Primeiro, ao chegar defronte o altar, ele deve aguardar o sacerdote para, juntos, fazerem a vênia ou reverência; e somente depois colocar o livro sobre o altar.

Durante a liturgia da Palavra, a Instrução Geral do Missal diz que o leitor "profere no ambão as leituras que precedem o Evangelho. Não havendo salmista, pode proferir também o salmo responsorial depois da primeira leitura"[6]. A novidade aqui está no fato de o leitor poder ser também o salmista. Isso pode ocorrer nas Missas semanais, por exemplo, quando nem sempre há mais de um leitor e salmista. Porém, se no domingo não houver salmista, quem faz a primeira lei-

---
[4] Cf. Instrução Geral do Missal Romano, n. 148.
[5] Cf. Instrução Geral do Missal Romano, n. 149.
[6] Cf. Instrução Geral do Missal Romano, n. 150.

tura poderá também fazer o Salmo. Isso é mais prático porque o leitor já estará no ambão. E por falar em ambão, a Instrução Geral do Missal não usa aqui o termo "mesa da Palavra", mas sim ambão. É bom esclarecer que mesa da Palavra e ambão são a mesma coisa, porque há quem faça distinção, afirmando que na mesa da Palavra se leem e se proclamam as leituras, e no ambão são feitas a acolhida, as preces da comunidade e lidos os avisos finais. Mas, como vimos, a Instrução Geral do Missal não faz essa distinção. Ainda no contexto da liturgia da Palavra, a Instrução Geral do Missal afirma: "na falta do diácono, depois que o sacerdote faz a introdução, o leitor pode proferir as intenções da oração universal"[7]. Ou seja, as preces da comunidade também podem ser feitas pelo leitor, se não houver diácono. Havendo diácono é ele quem faz as preces da comunidade ou oração universal. No entanto, na maioria de nossas paróquias, mesmo havendo diácono, as preces da comunidade são feitas por outra pessoa, a fim de que mais pessoas participem da celebração com alguma função. Esse esclarecimento ajudará as equipes de liturgia que, muitas vezes, ficam confusas quando há falta de pessoal para ajudar na Missa.

Outra função ou outro ofício que a Instrução Geral do Missal confere aos leitores é a de recitarem as antífonas de entrada e comunhão quando não há equipes de canto. Assim diz a Instrução: "se não houver canto de entrada e de comunhão, e os fiéis não recitarem as antífonas propostas no missal, o leitor as proferirá no momento oportuno"[8]. Ou seja, a prioridade para recitar as antífonas de entrada e de comunhão é dos cantores, em segundo lugar da assembleia e, em terceiro, do leitor. Como dificilmente os fiéis farão espontaneamente essas antífonas, quando não há equipe de canto ou cantores, o leitor deve exercer esse ofício. Essa é uma informação que não é muito conhecida, mas é bom conhecer para poder exercê-la quando necessário, sobretudo, em Missas semanais quando nem sempre há equipes de canto em boa parte das igrejas.

---

[7] Cf. Instrução Geral do Missal Romano, n. 151.
[8] Cf. Instrução Geral do Missal Romano, n. 152.

3

MESCEs:
Ministros Extraordinários Da Distribuição Da Sagrada Comunhão Eucarística

Devido à extensão da nomenclatura, convencionou-se chamá-los abreviadamente de MESCEs. No senso comum, é chamado de "Ministro da Eucaristia", porém não é correto, pois Ministros da Eucaristia são apenas os ordenados (padres e bispos). Desse modo, os MESCEs, na Igreja, são pessoas leigas a quem é dada permissão, de forma temporária, de distribuir a comunhão aos fiéis, na missa, ou em outras circunstâncias, quando não há um ministro ordenado (bispos, presbítero ou diácono) que o possa fazer, isto é, quando este estiver impedido por enfermidade, idade avançada ou algum outro motivo sério, ou quando o número de fiéis comungantes for muito grande e que a celebração da Missa se prolongue. Chamam-se *extraordinários*, porque só devem exercer seu ministério em caso de necessidade e porque os ministros ordinários (isto é, habituais) da comunhão são apenas os fiéis que receberam o sacramento da ordem. Na verdade, é a estes que compete, por direito, distribuir a comunhão. Por esse motivo, o nome dessa função é ministro extraordinário *da comunhão*, e não *da Eucaristia*. Segundo a carta *Redemptionies Sacramentum*, nesse ministério, entendendo-se conforme seu nome em sentido estrito, o ministro é um extraordinário da Sagrada Comunhão, jamais um ministro especial da Sagrada Comunhão, nem um ministro extraordinário da Eucaristia, nem ministro especial da Eucaristia; com o uso desses nomes, amplia-se indevida e impropriamente seu significado. Na atualidade, os ministros extraordinários da Sagrada Comunhão atuam em praticamente todas as Missas, além de levarem a Comunhão aos doentes nas famílias e nos hospitais, sempre com autorização do pároco e do ordinário local (o bispo). Na atualidade, embora existam pessoas que, de comum acordo com o pároco, atuem nessa missão por muito tempo, muitas dioceses determinam um prazo para que os ministros extraordinários da Sagrada Comunhão fiquem nessa função, ou missão, que varia de dois a quatro anos, no máximo. Os primeiros ministros extraordinários da Sagrada Comunhão começaram a atuar depois do pedido do Pároco de Bambuí-MG, o Missionário Vicentino Pe. José Nunes Coelho, CM, no final de 1965, em carta dirigida a seu Bispo, o também vicentino D. Belchior Joaquim da Silva Neto, CM, na época o titular da Diocese de Luz-MG, que se encontrava em Roma participando do Concílio Vaticano II. Finalmente, em maio de 1966, veio a autorização de Roma, primeiro a três Irmãos e, em seguida, a dez leigos. A partir de 1970, o Papa autorizava para todo o mundo a atuação dos ministros extraordinários da Sagrada Comunhão.

Assim, os MESCEs desempenham hoje uma função de suma importância na Igreja, auxiliando o sacerdote. É um ministério e, como tal, deve ser exercido. Em 1972, o papa Paulo instituiu o Ministério de Leitor e Acólito, que, juntamente com os MESCEs, completava a participação ativa e oficial dos leigos em ministérios antes reservados apenas a ministros ordenados.

Mesmo havendo uma intensa participação dos MESCEs nas missas e na celebração da Palavra, a Igreja recomenda que a comunhão seja distribuída pelos MESCEs nas seguintes ocasiões: a) todas as vezes que o ministro ordinário não puder dar a Sagrada Comunhão por causa de um impedimento (doença, idade avançada, ministério pastoral); b) todas as vezes que faltar o ministro ordinário, citado acima; c) todas as vezes que o número de fiéis que recebem a Sagrada Comunhão for grande, o que faria a celebração da Missa se prolongar exageradamente. Hoje, esse ministério é exercido em, praticamente, todas as Missas, principalmente nas dominicais, mesmo quando o número de fiéis é menor. No entanto é bom tomar as devidas precauções; algumas delas serão indicadas neste capítulo. Além da atuação nas Missas, os MESCEs exercem seu ministério levando comunhão aos doentes e esta, talvez, seja a parte mais importante desse ministério, porque o padre não consegue atender a todos de sua paróquia. Sem essa ajuda, os enfermos ficariam privados da comunhão, chamada também de viático. Além dos dias em que se está escalado, o MESCE deve atuar sempre que for convocado pelo sacerdote.

Para atuar, o MESCE deverá seguir as orientações de sua paróquia e diocese. Se ela não tiver diretrizes para isso, precisará saber quais são as da diocese e da Igreja em geral e as colocar em prática. Deverá também respeitar as orientações de seu pároco e da pessoa que coordena os MESCEs. Durante a celebração, precisará ficar atento às necessidades do presidente da celebração e da assembleia.

É bom saber que a provisão dada pelo bispo aos MESCEs corresponde à área de jurisdição da paróquia a que o MESCE pertence. Quando um MESCE for visitar outra paróquia, não poderá atuar ali como se fosse sua paróquia ou comunidade. Fora da paróquia o MESCE não recebeu provisão, portanto não poderá atuar nessa função. A provisão tem valor em tempo e espaço previamente determinados.

Vou passar aqui alguns procedimentos fundamentais para os MESCEs. Em primeiro lugar, *seja humilde*. A humildade deve ser uma de suas qualidades, pois quem é humilde não se envolve em contendas, pede desculpas, mesmo quando está certo e mantém sempre uma atitude discreta dentro e fora da celebração. Não levanta a voz para seus irmãos, trata a todos com delicadeza. Em segundo, *haja com responsabilidade*. Ter responsabilidade com a função, com o exercício do ministério, é algo que se espera do MESCE. Agir com responsabilidade significa, entre outras coisas, não faltar aos compromissos relacionados ao ministério exercido e chegar com certa antecedência quando for atuar. O ideal é que o MESCE esteja na igreja pelo menos meia hora ou vinte minutos antes de a celebração começar. Ao chegar, tome iniciativa de verificar se está tudo em ordem, mesmo que outra pessoa esteja responsável por isso. Veja, por exemplo, se há muita partícula consagrada no sacrário; se os vasos sagrados já estão devidamente preparados, com a hóstia grande colocada na patena; se há vinho e água na galheta e se eles estão em condições de uso; se o corporal, sanguinho, manustérgio, pala etc. estão devidamente limpos e colocados no lugar certo; se as âmbulas estão abastecidas com partículas a serem consagradas (caso haja essa necessidade); se o lavabo (jarra e bacia) está devidamente abastecido com água e em seu devido lugar; verifique se haverá alguma outra necessidade, como, por exemplo, água para o celebrante tomar durante a celebração; livros sagrados (Missal e Lecionário) com as páginas devidamente marcadas (essa é uma função do sacristão, acólito ou coroinha, mas nada impede que o MESCE, discretamente, confira se está tudo em ordem); siga as orientações dadas pela coordenação e pelo pároco.

Durante toda a celebração, o MESCE deve estar atento às necessidades do presidente da celebração e da assembleia. Deve haver uma sintonia entre ambos, sem que seja preciso o presidente interromper a celebração para solicitar algo. Fora da celebração, o MESCE deve estar atento às necessidades da comunidade, como, por exemplo, os doentes que precisam de confissão, de comunhão ou da visita do sacerdote etc.

É preciso ter muito cuidado com as vestes, que devem ser condizentes com a função e o espaço sagrado. Todos os MESCEs, no exercício de seu ministério, devem usar a opa ou jaleco apropriado de acordo com a importância do ministério exercido, isto é, estar devidamente limpo, não estar amassado, rasgado ou com remendos. O MESCE deve trocar de veste sempre que esta não estiver de acordo com o zelo litúrgico. O ideal seria que a equipe de MESCEs adotasse uma vestimenta igual para todos, como, por exemplo, calça social preta e camisa branca para os homens e para as mulheres saia ou calça de alfaiataria preta e blusa branca de manga e sem decote. Devem ser evitados calçados desconfortáveis ou que possam provocar desequilíbrio, como, por exemplo, sapatos com salto muito alto ou tamancos. Esse procedimento, além de facilitar a vida dos MESCEs na hora de atuar na celebração, passa uma imagem de organização, zelo e respeito com o sagrado.

Todo MESCE, antes da investidura ou da provisão, deve passar por um período de formação, em que aprenderá algumas coisas básicas para o bom exercício de seu ministério. Digo básica porque é impossível aprender tudo o que se deve em alguns encontros de formação. Nesse período prévio, deve-se conhecer o nome dos objetos litúrgicos mais usados durante a celebração, com os quais o MESCE terá contato direto em todas as celebrações – o que são os vasos sagrados e seus complementos –; saber a postura que se deve ter no presbitério e fora dele, o nome das alfaias e das cores correspondentes ao tempo litúrgico, o nome das vestes do sacerdote e dos livros sagrados usados na celebração, o porquê de certas posturas (em pé, sentado, ajoelhado etc.). A paróquia não deve descuidar da formação permanente dos MESCEs. Eles devem participar de, pelo menos, duas formações anuais consistentes; estudar temas de espiritualidade e ler materiais preparados para a formação dos agentes desse ministério. O MESCE que se preza não fica apenas com a formação oferecida pela paróquia ou diocese, mas busca, por conta própria e constantemente, aperfeiçoar-se em seus conhecimentos. Há muitos bons subsídios que ajudam na formação dos MESCEs.

Quanto à espiritualidade do MESCE, é importante não descuidar. Pessoas que não demonstram levar uma vida de oração não devem ser convidadas para esse ministério. A espiritualidade do MESCE é algo que deve ser evidente. Participar de retiros; ter uma vida de oração em família; rezar individualmente; reservar um tempo para se colocar diante do Santíssimo Sacramento para rezar; participar de momentos de adoração ao Santíssimo Sacramento; praticar a *Lectio Divina*, a leitura orante da Bíblia; rezar a liturgia das horas; confessar periodicamente; participar das Missas, mesmo que não esteja atuando como MESCE; participar das novenas nos tempos fortes da liturgia, como, por exemplo, Quaresma e Advento; rezar com o enfermo e sua família por ocasião das visitas; enfim, ter uma atitude que demonstre uma vida espiritual lapidada pela dedicação e pelo zelo pelas coisas de Deus.

Os MESCEs devem ter reuniões periódicas, de preferência, mensais. Nelas, deve ser feita a escala mensal de atuação de cada ministro; devem ser resolvidos problemas entre os MESCEs; deve-se estudar algum tema voltado para a espiritualidade e formação pessoal e tratar outros assuntos que forem do interesse do grupo. A participação nessas reuniões é fundamental para a coesão e integração da equipe, uma vez que nelas devem ser tratados assuntos do interesse de todos e todos devem atuar em harmonia entre si. Então, se houver algum motivo justificável, que o impossibilite ir à reunião, o MESCE deverá avisar com antecedência e explicar sua ausência, pois faltar às reuniões, sem nenhuma justificativa, mostra não apenas desinteresse pelo ministério, como também desrespeito aos demais. Por isso muitas paróquias colocam um limite de falta, que, se for ultrapassado, poderá desligar o MESCE de sua função.

O MESCE também precisa ter zelo litúrgico, isto é, o cuidado com os objetos sagrados, com as vestes, com a conduta dentro e fora da igreja e também o respeito pela liturgia. Destaco o cuidado com os vasos sagrados e as alfaias – o corporal, o sanguíneo, a pala e o manustérgio –, que devem estar sempre devidamente limpos. Cuide também das toalhas do altar, para que estejam bem cuidadas e de acordo com o tempo litúrgico. Tenha o devido cuidado na hora de lavar esses materiais. O corporal e o sanguíneo, por exemplo, devem ser lavados de modo especial, separados de qualquer outra peça. Devem ser lavados em duas etapas. A primeira somente com água, para retirar os fragmentos das partículas que ali se encontram e, somente depois, devem ser lavados com algum produto. A água da primeira lavagem deve ser colocada em alguma planta e não despejada no tanque comum ou em qualquer outro local que deságue na rede comum de esgoto.

Recomenda-se, também, aos MESCEs boa conduta na sacristia: falar com voz baixa, evitar atitudes como se estivesse em uma festa, como gargalhadas, ou qualquer outra que não seja condizente com o espaço sagrado. Na sacristia, falar apenas o necessário; deixar as histórias particulares, que nada têm a ver com a celebração, para outro momento. Colaborar para que, na sacristia, antes da celebração, haja um clima de oração, compenetração e concentração. Tanto o presidente da celebração quanto os MESCEs precisam desse momento de silêncio para o bom desempenho da celebração. Antes dela, deve-se rezar com toda a equipe a oração do Divino Espírito Santo ou outra oração própria dos MESCEs. Caso a equipe de celebração não possa participar, a oração deve acontecer entre os MESCEs que irão atuar naquela celebração.

Na procissão de entrada, os MESCEs devem ir atrás dos leitores e à frente do presidente da celebração. Sempre de dois em dois, calculando uma distância de, aproximadamente, um metro e meio da pessoa que segue à frente. Durante a procissão, mantenha uma postura orante. Coloque as mãos juntas na altura do coração, como se estivesse em oração, e evite ficar acenando para as pessoas que estão nos bancos. Ao olhar para as laterais, faça isso de modo circunspecto e, se tiver de cumprimentar alguém, faça de modo igualmente discreto, com um olhar ou leve sorriso e nunca acenando as mãos. O olhar deve ser sempre para frente, em direção ao altar. Ao chegar diante do presbitério, onde se encontra o cruciferário, faça devidamente a vênia ou reverência. Cuide para que esse ato seja feito em sincronia com quem estiver a seu lado. Após a vênia, dirija-se para seu lugar e sente-se de modo sóbrio.

Há quem tenha dúvidas se os MESCEs devem ou não ficar no presbitério durante a Missa. Embora haja paróquias em que eles ficam nos bancos da primeira fileira, junto com a assembleia, ou em outro lugar, no sentido de que esses são chamados do meio do povo para servir em ocasiões excepcionais, a Instrução Geral do Missal Romano aponta o presbitério como o lugar dos MESCEs. Segundo ela: "Os sacerdotes e seus ministros ocuparão o presbitério, isto é, aquele lugar da igreja em que manifesta sua função, em que cada um, respectivamente, presidirá à oração, anunciará a palavra de Deus e servirá o altar".[9] Portanto dá a entender que não são apenas os ministros ordinários, mas também os extraordinários que devem estar no presbitério. E diz mais: "Coloquem-se as cadeiras dos ministros

---

[9] Cf. Instrução Geral do Missal Romano, n. 257, p.79.

no local mais apropriado do presbitério, para que possam facilmente cumprir suas funções".[10] Como no presbitério também ficam os diáconos, acólitos e coroinhas e, dependendo da ocasião, a presença deles poderá atrapalhar, já que sua função é exercida apenas no rito da comunhão e não em outras partes anteriores da missa, colocá-los em outro lugar é opcional e também uma questão de bom senso, para não congestionar o altar. Se ficarem no presbitério, é preciso: sentar-se com discrição; evitar qualquer tipo de conversa, exceto se for algo necessário para resolver uma situação que careça de comunicação; olhar sempre em direção a quem estiver no comando da ação, e não para os lados – por exemplo, durante a liturgia da Palavra, o olhar deve estar voltado para a mesa da Palavra; durante a liturgia eucarística o olhar deve estar direcionado para o altar, para a mesa eucarística; durante a consagração, o olhar deve estar voltado para o presidente da celebração e deverá seguir seus gestos. Na hora da consagração, não estender a mão em direção ao altar, como se estivesse consagrando junto com o padre, pois quem faz isso são apenas os padres que concelebram. Quando o padre levantar a patena e o cálice, o MESCE (e toda a assembleia) deve olhar em direção a ele e não fechar os olhos, ou abaixar a cabeça, como se não quisesse ver, porque é exatamente para serem vistos que o cálice e a patena são levantados. Não dizer nada durante a consagração, apenas contemplar o mistério da fé. Se tiver ajoelhado, deverá levantar-se no momento em que o padre disser "eis o mistério da fé". Também deve-se evitar transitar de um lado para outro no presbitério ou fora dele, sem necessidade. Somente saia do posto quando for solicitado ou quando tiver de auxiliar o sacerdote no altar, para buscar a reserva de Eucaristia no sacrário, para distribuir a eucaristia e purificar os vasos sagrados. Os MESCEs devem dar o exemplo para a assembleia e se comportar como pede a liturgia.

    Devem ter cuidado ao manusear os vasos sagrados, pois se tratam de objetos delicados, caros e sagrados, e procurar mantê-los

---

[10] Cf. Instrução Geral do Missal Romano, n. 271, p. 81.

sempre limpos e em lugar bem protegido. Não devem guardá-los com resíduos, como, por exemplo, galhetas, ou o cálice, com restos de vinho ou sem uma correta purificação. Embora o cálice seja purificado no altar, é bom verificá-lo antes de o guardar. Para a limpeza, usem produtos adequados, que não manchem nem arranhem sua superfície. Há de se ter cuidado também para não derrubá-lo. Não fica bem usar uma patena ou um cálice amassados, e consertá-los fica muito caro. Além disso, uma patena, que é um objeto caro e de fácil queda, uma vez amassada, dificilmente será possível recuperá-la totalmente. Semelhante cuidado os MESCEs devem ter com os vasos sagrados de vidro, como as galhetas, por exemplo. Uma vez quebradas, não há como recuperá-las.

Os MESCEs devem cuidar do sacrário, mantendo-o sempre limpo, trocando periodicamente as toalhas internas, se houver, limpando o conopeu (aquela cortininha da frente do sacrário – se houver), verificando se há muita hóstia consagrada e, havendo, colocá-las para serem consumidas durante as Missas, começando sempre pelas mais antigas. Não podem deixar hóstias consagradas por muito tempo no sacrário, pois elas se deterioram muito rápido e ficam impróprias para o consumo. O ideal é que elas sejam consagradas em cada missa e que, no sacrário, fique apenas uma pequena reserva para os doentes e para alguma necessidade extraordinária. Em igrejas onde se celebra missa todos os dias, ou com certa frequência, não há necessidade de se ter no sacrário grandes quantidades de hóstias consagradas. Precisam cuidar também da chave do sacrário, guardando-a em lugar seguro e não permitindo que qualquer pessoa tenha acesso a ela. Devem fazer genuflexão sempre que passarem diante do sacrário, desde que nele contenha eucaristia, pois ela é feita ao Santíssimo Sacramento e não ao sacrário. Se ele estiver vazio, sua luz precisará ser apagada. Diante do altar, independentemente de se estar celebrando ou não, deve-se fazer a vênia ou reverência. Os MESCEs podem combinar manter um vaso com flores naturais junto ao sacrário. Se a flor não for natural, é melhor não colocar nada.

Sobre auxiliar o sacerdote, durante a Missa, vou passar algumas funções, pois, em paróquias onde há acólitos e coroinhas, elas podem ser distribuídas a eles. No entanto, mesmo que haja mais pessoas para auxiliar o sacerdote, o MESCE não pode ficar alheio ao que está acontecendo a sua volta, precisa ter atenção às necessidades do presidente da celebração no decorrer da Missa, haver uma sintonia entre eles, de modo que baste apenas um olhar do presidente para que o MESCE entenda o que ele está pedindo. Quando o sacerdote precisar de algo, o MESCE deverá chegar até ele discretamente e se certificar da necessidade. Não precisa esperar que ele faça muitos sinais ou gestos de modo que a assembleia veja e entenda aquilo que está ocorrendo no presbitério. Outra atitude que se precisa ter é a de prontidão: chegou o momento de auxiliar, tome iniciativa e faça cada ato com firmeza, destreza e sem embaraços.

Quais são esses atos que podem ser também distribuídos aos acólitos ou coroinhas? Dirigir-se à frente do altar para receber os vasos sagrados (com as partículas), quando esses entram na procissão do ofertório; se for costume do sacerdote ir recebê-los, os MESCEs (pelo menos dois deles) devem estar a seu lado. O sacerdote recebe os vasos sagrados, entrega aos MESCEs, que, por sua vez, levam até a credência ou ao altar. Se o sacerdote não for receber os vasos sagrados com as partículas, os MESCEs podem recebê-los e levá-los até o altar para sua preparação. Na ausência de ministros ordenados concelebrantes (padres ou diáconos), quem deve preparar o altar é o presidente da celebração e nunca um MESCE. Ao MESCE cabe apenas entregar em suas mãos os vasos sagrados, um de cada vez, de acordo com o processo de preparação, a saber: o cálice, devidamente preparado (com corporal, pala, patena e hóstia grande); a galheta com vinho. Alguns sacerdotes preferem que o MESCE despeje o vinho no cálice, já outros preferem fazê-lo; portanto esteja atento a esse detalhe. Em seguida, a galheta com água: coloca-se apenas uma pequena gota com o vinho. Fique atento caso esse procedimento seja pedido ao MESCE. Geralmente, é o sacerdote quem coloca a água no vinho, mas se porventura ele pedir, o MESCE tem de fazê-lo corretamente. Ao terminar esse procedimento, levar as galhetas para a credência, pegar o lavabo (bacia, jarra e manustérgio) e se aproximar do presidente da celebração para ele purificar as mãos. Nesse momento, a água tem de ser despejada, abundantemente, em suas mãos. Há quem confunda a purificação das mãos com a mistura da água no vinho e acaba ou pingando apenas uma gota de água nas mãos do sacerdote ou, então, despejando muita água no vinho. É bom estar atento para a diferença entre esses dois momentos. Para a purificação das mãos do presidente da celebração, levar a bacia em uma mão, a jarra com água, na outra, e o manustérgio, dobrado sobre o braço direito, facilitando o serviço. Em celebrações como as da Quarta-Feira de Cinzas, ou em Missas, em que se utiliza unção com óleo (como as de Crisma, por exemplo), providenciar um lavabo maior, juntamente com sabão, para que seja retirado todo o resíduo de suas mãos. Ao terminar, colocar as peças que foram utilizadas sobre a credência, não deixando nada sobre o altar. Ao aproximar a hora da comunhão, ficar atento para o momento de apanhar no sacrário a reserva de Eucaristia. O momento mais apropriado é durante ou após o abraço da paz (se houver), dependendo da distância do sacrário e da quantidade de participantes na Missa. Se houver mais de uma âmbula, deve ir mais de um MESCE até o sacrário. Se forem utilizadas todas as âmbulas e o sacrário ficar vazio, deixar sua porta aberta até o momento da devolução das âmbulas com a Eucaristia. Ao chegar junto ao altar, colocar as âmbulas com a eucaristia sobre o corporal e nunca fora dele. Destampá-las, colocando as tampas e o conopeu sobre a credência e nunca as deixar sobre o altar. Quando retornar da distribuição da Eucaristia, tampá-las novamente e levá-las para o sacrário, fechando-o com chave.

É importante também que o MESCE saiba como receber a comunhão durante a Missa. Antes de sair para a distribuir, comungue primeiro. Embora seja recomendado que o sacerdote distribua a comunhão aos MESCEs, há os que permitem que estes se sirvam no altar. Há também padres que oferecem a comunhão sob as duas espécies e outros que não. Veja qual é o costume local, ou de quem preside, e siga suas orientações. Se a comunhão for sob as duas espécies, receba a partícula e faça um leve intinção no vinho consagrado, evitando molhar toda a partícula ou a ponta dos dedos no cálice. Se receber nas mãos, siga a orientação dada pela Igreja: a mão direita, embaixo da mão esquerda, estendida para quem oferece a comunhão. Ao recebê-la, olhe para ela e diga em voz alta o amém. Comungue, pegue em seguida a âmbula e dirija-se para a nave da igreja, conforme o costume local ou orientação do presidente ou cerimoniário.

Para distribuir a comunhão durante a Missa, proceda da seguinte maneira: após pegar a âmbula com a eucaristia, que se encontra sobre o altar, em cima do corporal (ou o sacerdote ou diácono a dará), dirigir-se até o local por ele indicado ou como de costume. Segure a âmbula com a mão esquerda, apresente a eucaristia à pessoa que irá comungar com a direita (se for canhoto, poderá fazer o contrário) e, olhando em seus olhos, diga: "o corpo de Cristo". Ela responderá "amém" e receberá a comunhão, seja nas mãos ou diretamente na boca; isso fica a critério dela, pois as duas formas são dignas. Alguns preferem recebê-la de joelhos e não há nenhum problema nisso, por isso o MESCE não poderá colocar objeções quanto a esses procedimentos. Deve-se chamar a atenção quando a pessoa comungar de maneira que banalize o sagrado ou que represente desrespeito. Não chamar a atenção por qualquer motivo, como, por exemplo, por causa de vestimentas. É preciso ter cuidado para que a pessoa comungue em sua frente. Ninguém pode receber a comunhão e sair com ela nas mãos, sem consumi-la. Caso isso venha a ocorrer, interrompa a distribuição, vá atrás da pessoa e peça para que ela comungue em sua frente. Caso haja de seu lado um coroinha ou ajudante, peça que ele faça isso por você. Ao término da distribuição, verifique se não há mais ninguém para comungar, como alguém se aproximando, ou a equipe de canto ou coral, ou quem está desempenhando alguma atividade que requeira que ela comungue no final. Recomenda-se que quem atua na equipe de canto e coral comungue primeiro, mas sobre isso veremos mais adiante.

Há paróquias que distribuem a Comunhão sob duas espécies em todas as Missas e há outras que o fazem apenas em missas solenes, como, por exemplo, na celebração de *Corpus Christi*, Quinta-feira Santa ou na Vigília Pascal. Independentemente da ocasião, é bom redobrar os cuidados quando a comunhão for assim distribuída. Nesse caso, os MESCEs devem atuar em dupla, ficando um com a âmbula e o outro com o cálice. Há vários procedimentos que podem ser tomados nesse momento, e os MESCEs devem agir de acordo com a orientação do pároco. Apresento aqui dois procedimentos: 1º) o MESCE que está com a âmbula faz a intinção da eucaristia no cálice e a entrega diretamente na boca de quem irá comungar; 2º) O MESCE entrega a eucaristia na mão da pessoa que irá comungar, e ela faz a intinção e comunga. O mais recomendado é o primeiro procedimento. No segundo, é preciso cuidar para que as pessoas molhem apenas uma pequena parte da partícula no cálice e não a ponta dos dedos. Para facilitar a ação, colocar o cálice na altura da pessoa, de modo que ela visualize bem seu conteúdo. Quem estiver segurando o cálice deverá ter essa preocupação, pois as pessoas têm estaturas distintas. Além disso, uns têm mais agilidade que outros. Pessoas com mais idade têm menos firmeza nas mãos e podem bater no cálice, mergulhar os dedos ou fazer qualquer outro procedimento inesperado. Portanto esteja atento para os imprevistos. Quero apontar também como o MESCE deve proceder em determinadas situações. Vejamos algumas que podem ocorrer e para as quais o MESCE deverá estar preparado.

O que fazer quando a eucaristia cai na hora da distribuição?
O mais correto é deixá-la separada e depois dissolvê-la na água e colocá-la em uma planta. Caso ela caia em local limpo, pode ser consumida na hora, seja pela pessoa que deixou cair ou pelo MESCE.

Como proceder quando a pessoa está visivelmente embriagada?
Não se deve negar a comunhão para ninguém, exceto em caso de banalização comprovada da eucaristia. Assim sendo, mesmo que a pessoa esteja embriagada, se ela chegou de modo respeitoso para receber a comunhão, ela deve ser dada.

O que fazer quando pairar dúvida se a criança fez ou não a primeira comunhão?

Neste caso, basta perguntar. Se ela disser que não, não dê a Eucaristia e peça para ela e seus responsáveis lhe procurarem depois da missa para explicar-lhes o porquê de ela não poder receber a comunhão naquele momento.

Quando acaba a eucaristia durante sua distribuição, o que fazer?

A primeira coisa a fazer é calcular bem antes de elas acabarem. No entanto, ao perceber que há mais gente na fila do que partículas na âmbula, comece dividir as partículas de modo que todos recebam ao menos um pedacinho. Caso não tenha jeito de todos receberem, procure ver se na âmbula de outros MESCEs, ou na do sacerdote, há partículas consagradas. Não havendo, peça desculpas para os que ficaram sem receber. Porém deve-se fazer todo esforço para que essa situação não ocorra.

Após terminar a distribuição, conforme o costume local, retornar para junto do altar ou diretamente para a credência a fim de reunir as partículas que sobraram, acondicioná-las nas âmbulas e guardá-las no sacrário. Ao chegar diante do sacrário, com as âmbulas com partículas consagradas nas mãos, não há necessidade de fazer a genuflexão. Porém, ao se retirar, deve ser feita a genuflexão antes de dar as costas para o sacrário. Em seguida, purifique as mãos, no lavabo preparado, e volte para seu lugar. Se a capela do Santíssimo ficar distante do altar, aconselha-se que a Eucaristia seja levada, ladeada por velas acesas, como se faz na Quinta-feira Santa, isto é, quando as partículas consagradas são tiradas do sacrário e levadas para outro local.

Quanto à purificação dos vasos sagrados, é bom também ter atenção. O cálice e a patena quem os purifica é o sacerdote ou o diácono, mas eles podem delegar essa função aos MESCEs. Outros tipos de vasos sagrados (galhetas, lavabo, âmbulas etc.) podem ser purificados pelos MESCEs. Porém, independentemente da peça, devem purificar com todo o cuidado, principalmente pelo valor sagrado e material delas. A purificação deve ser feita na credência ou em local apropriado. As galhetas, principalmente a do vinho, devem ser lavadas antes de serem guardadas. Deve-se secar bem as peças que forem lavadas, antes de guardá-las. Quanto ao corporal, sanguíneo, manustérgio, à pala, ao guardá-los, verifique se estão em condição de uso. Se não estiverem, separe-os para serem lavados e coloque peças limpas para a próxima celebração.

Em relação ao corporal, deve-se ter atenção a sua dobradura. O corporal deve ser engomado e dobrado de modo que a parte bordada fique do lado de fora. Quando aberto sobre o altar, aparecerá o avesso do bordado do corporal. Ele deve ser dobrado com dois vincos verticais e dois vincos horizontais. Depois de aberto, formar-se-ão quatro quadrados marcados pela soma dos vincos. Ao recolhê-lo, deve-se ter o zelo e seguir as marcas da dobradura, cuidando para que fragmentos de partículas, que porventura tenham ficado, não se desprendam. Evite dobrá-lo de qualquer maneira ou manuseá-lo sem o devido cuidado.

É importante também que o MESCE saiba distinguir o manustérgio do sanguíneo. Ambos são duas peças praticamente similares por causa da dobradura e, às vezes, do tecido, por isso há quem os confunda e acabe por trocá-los na hora da celebração. Assim sendo, preste bem atenção quando for preparar o altar para não trocá-los de lugar, pois a função é distinta. O sanguíneo tem a finalidade de auxiliar na purificação do cálice, enquanto o manustérgio é para secar as mãos. O sanguíneo deve ficar sobre o cálice, e o manustérgio junto com o lavabo. Para evitar confundi-lo, recomenda-se que o manustérgio seja uma pequena toalha, felpuda, enquanto o sanguíneo esteja em harmonia com o tecido do corporal e da pala. Além disso, o sanguíneo costuma ter uma cruz bordada bem no centro enquanto o manustérgio, não.

Todo MESCE deve saber o nome dos materiais usados no altar. Não precisa saber tudo no início do ministério, mas, aos poucos, com a prática, deve-se aprender um a um o nome de todos os materiais que se utilizam na celebração ou em algum momento litúrgico. Porém é importante, de antemão, procurar conhecer cada um deles e saber sua finalidade. Para isso, nada melhor do que pesquisar, buscar informações. No último capítulo deste livro, você encontrará um vocabulário litúrgico com explicações sobre os principais objetos usados no altar. A internet também facilita essa pesquisa, pois há muitos vídeos no YouTube que não apenas trazem os nomes, como também ensinam para que servem e como manuseá-los. Eu mesmo já fiz alguns vídeos sobre esse tema; vejam se puderem. Além disso, participar de encontros de formação e dialogar com MESCEs mais experientes é fundamental. Cada um poderá usar recursos próprios para conhecer cada peça, como, por exemplo, fazer uma lista com os nomes e, se possível, com a foto de cada objeto. O MESCE deve ser autodidata e procurar meios de aperfeiçoar seus conhecimentos. Um deles é organizar uma apostila personalizada, de modo que facilite ampliar seus conhecimentos, caso sua paróquia ou diocese não a tenha. Não tenha receio de perguntar o que é e para o que serve cada objeto sacro, pois é a forma mais prática e rápida de aprender.

A quantidade de vinho e de hóstia a ser colocada para consagrar também é importante saber antes. Com relação às hóstias, basta verificar quantas âmbulas com partículas há no sacrário e o número aproximado de participantes na celebração. Com essas duas informações, é possível calcular a quantidade exata de partículas a serem consagradas. Quando houver bastante partícula consagrada, coloca-se pouco para consagrar, evitando, assim, que fiquem muitas partículas no sacrário. O ideal é que sobrem poucas partículas e que em todas as Missas sejam consumidas a maioria das que foram consagradas. A quantidade de vinho vai depender de cada celebrante, pois uns gostam de mais vinho e outros menos. Assim sendo, pergunte ao presidente da celebração a quantidade de vinho que ele gostaria que fosse colocada na galheta, sobretudo se for a primeira vez que irá auxiliá-lo na missa. Uma vez conhecendo a opinião do padre, fica mais fácil de calcular a quantidade, sem que haja desperdícios. O ideal é que seja consumido em cada missa todo o vinho colocado na galheta, pois, se sobrar e devolver no recipiente, ou deixar na galheta, o vinho se deteriora.

A Semana Santa é uma ocasião bastante significativa para todos os católicos, mas de um modo especial para os MESCEs. Desse modo, trago aqui algumas dicas de como proceder na Quinta-feira Santa, conhecida como a celebração da instituição da Eucaristia e, por essa razão, tem um significado especial para os MESCEs. Nessa celebração, mais indicada devido sua relevância e seu significado, pode haver renovação dos compromissos com o ministério e investidos novos MESCEs. Há dioceses e paróquias que fazem a renovação, ou investidura, em outras datas, como, por exemplo, na celebração de *Corpus Christi*. O significado teológico dessa celebração é muito importante. Nela, Jesus mostra como os MESCEs, e ministros ordenados, devem atuar: com humildade, levando à Comunidade o Corpo de Cristo. Nesse dia, os MESCEs têm algumas atividades extraordinárias. A comunhão poderá ser distribuída sob as duas espécies e poderão ser utilizados pães ázimos no lugar das partículas convencionais. Caso sejam utilizados pães ázimos, redobrar o cuidado na hora de distribuir e guardar as sobras. Por ser algo diferente, há sempre quem pense que não se trata de Eucaristia e, por essa razão, pode ocorrer de não se ter o mesmo zelo que se tem com a partícula. Assim sendo, é bom lembrar que, embora seja diferente no formato, o pão ázimo, depois de consagrado, é o Corpo de Cristo da mesma forma que a hóstia convencional. Nesse dia, no final da cerimônia, ocorre também a transladação do Santíssimo. O sacrário é esvaziado, ficando com a porta aberta e sua luz apagada, demonstrando seu esvaziamento. Devem ser consagradas muitas partículas, de modo que sejam suficientes para a cerimônia da Sexta-feira Santa, quando não há celebração Eucarística, isto é, consagração. Vale lembrar que, na Sexta-feira Santa, costuma ir à igreja mais gente que o de costume, e é preciso que haja comunhão para todos. Os MESCEs devem pensar nisso na hora de colocar as partículas para serem consagradas na Quinta-feira Santa. Após a distribuição da comunhão, os MESCEs levam as âmbulas com as partículas consagradas para um local previamente preparado. Essa transladação é discreta, mas deve ser ladeada por uma ou mais velas. Enquanto isso, o celebrante ou o diácono, com a ajuda de um, ou mais, MESCE preparam o altar com o corporal para colocar sobre ele uma das âmbulas que será transladada até o local da reposição.

Nesse dia não há adoração, mas transladação do Santíssimo e vigília. Muitos confundem a vigília com adoração ao Santíssimo.

Após oração pós-comunhão, os MESCEs (se não houver diácono ou cerimoniário) auxiliam o presidente da celebração a se paramentar com a capa magna e o véu umeral para a transladação do Santíssimo até o local da vigília. Depois da preparação da âmbula com as partículas consagradas, o presidente a incensa e, juntamente com os MESCEs, dirige-se até a frente do altar e se ajoelha. Faz um instante de silêncio, incensa novamente e, em seguida, quem preside toma a âmbula e segue à frente da procissão, seguido dos MESCEs e da assembleia até o local da reposição. Nesse percurso, podem-se entoar cantos apropriados, que poderão ser motivados pelos MESCEs, ou pela equipe de canto, ou pode-se caminhar em silêncio até o local da reposição. Chegado ao local, deposita-se a âmbula junto com as demais sobre uma mesa previamente preparada e fazem-se as orações prescritas no Missal Romano. É importante lembrar que a vigília organizada com orações não deve ultrapassar a meia-noite. Após esse horário, já é Sexta-feira da Paixão, e a vigília, se houver, precisa ser discreta. Equivocadamente, há paróquias que promovem adoração ao Santíssimo a noite toda, até na Sexta-feira, durante o dia. Esse procedimento não é liturgicamente correto e deve ser evitado.

Na Sexta-feira Santa, não se celebra a Eucaristia. Por essa razão, na véspera, durante a celebração da instituição da Eucaristia, consagram-se partículas suficientes para o momento da comunhão na cerimônia da Paixão, comumente celebrada às quinze horas, ou conforme o costume da comunidade. A participação dos MESCEs nessa celebração é importante. Durante o ritual da cerimônia da Paixão, há um momento de comunhão Eucarística, conforme o ritual próprio. Assim sendo, os MESCEs, devidamente paramentados, participam de toda a cerimônia. No momento da comunhão, eles se dirigem até o local em que estão as âmbulas com as partículas consagradas e as trazem até o altar para a distribuição aos fiéis. A distribuição da comunhão segue conforme o costume local. Após a comunhão e purificação dos vasos sagrados, elas são devolvidas ao mesmo local, permanecendo lá até o meio-dia do sábado ou até a cerimônia da Vigília Pascal. Como foi dito, não se faz adoração ao Santíssimo na Sexta-feira Santa nem na manhã do Sábado de Aleluia. O sacrário deve permanecer aberto para que as pessoas que costumam rezar diante dele saibam que ele está vazio.

Outra data significativa para os MESCEs é a de Corpus Christi. A celebração de Corpus Christi, ou Solenidade do Santíssimo Corpo e Sangue de Cristo, é uma cerimônia que pede a presença de todos os MESCEs da paróquia. Eles devem estar devidamente paramentados e, se possível, ficarem todos no presbitério ou juntos em lugares previamente reservados para eles. Nesse dia, como foi dito, pode-se fazer a renovação do ministério e investidura de novos MESCEs, conforme orientação da diocese. Antes da celebração, eles se reúnem na sacristia, ou em local apropriado, juntamente com o presidente e demais membros da equipe de celebração, para um breve momento de oração. Em seguida, organizam-se em fila dupla para a procissão de entrada, seguindo a orientação dada. Ao chegarem diante do altar (ou da cruz processional), fazem, de dois em dois, uma leve inclinação e se dirigem para seus lugares. Atuam durante a celebração como de costume, porém, nesse dia, por se tratar de vários MESCEs em uma mesma celebração, nem todos terão alguma função. No momento da renovação do ministério e da investidura dos novos MESCEs (se houver), seguem-se as orientações dadas pelo presidente da celebração ou pelo mestre de cerimônia. "Além do que é requerido para a celebração da Missa estacional, deve-se preparar: a) *no presbitério* – na patena, uma hóstia a ser consagrada para a procissão; ostensório; véu de ombros; segundo turíbulo com a respectiva naveta; b) *em lugar conveniente* – pluviais de cor branca ou festiva; tochas e velas; pálio".[11]

Após a distribuição da comunhão na solenidade de *Corpus Christi*, estando sobre o altar o ostensório colocado pelo diácono, ou, na ausência dele, por um MESCE, o presidente da celebração introduz

---
[11] Congregação para o Culto Divino. *Cerimonial dos Bispos*, p. 122, n. 388.

respeitosamente a hóstia consagrada, fazendo a genuflexão. Em seguida, volta para sua cadeira de onde recita a oração pós-comunhão. Omitem-se os ritos de conclusão, dando prosseguimento à organização da procissão: "à frente, vai o acólito com a cruz, ladeado dos dois acólitos que levam os castiçais com as velas acesas;"[12] seguem-se os demais membros da equipe de celebração. Os MESCEs vão ao lado do sacerdote, que leva o ostensório com o Santíssimo Sacramento, ou logo atrás dele. É importante que os MESCEs acompanhem a procissão em um clima de oração, evitando conversas paralelas ou possíveis dispersões. Durante a procissão, "no que respeita a ordem dos fiéis, sigam-se os costumes locais".[13] Quando a procissão chegar ao fim, depois dos devidos rituais dirigidos pelo presidente da celebração e da bênção, o Santíssimo será levado para o sacrário. Ele poderá ser guiado pelo presidente da celebração, pelo diácono, ou mesmo por um ou mais MESCEs se o presidente da celebração assim delegar.

Mudando de tema, quero destacar o papel da coordenação desse ministério. Como qualquer trabalho em equipe, precisa haver um(a) coordenador(a). Assim sendo, os MESCEs devem escolher entre eles um que irá coordenar os trabalhos, e essa escolha poderá ser feita por votação ou por indicação do pároco. Além do(a) coordenador(a) deve ser escolhido(a) um(a) vice-coordenador(a) e um(a) secretário(a). A pessoa que coordena deve convocar as reuniões mensais, elaborar a escala mensal (semestral ou conforme o costume local), preparar o cronograma de atividade para o ano (ex: reuniões, formação, encontros paroquiais e diocesanos, retiros, adoração, visitas aos doentes, aos hospitais e às demais instituições etc.). É seu dever também, juntamente com o pároco, solucionar problemas que por ventura possam surgir entre os MESCEs ou no exercício do ministério. A coordenação deve durar dois anos, podendo ser renovada por mais dois ou conforme os estatutos dos MESCEs e a orientação da diocese.

Outro assunto relevante é sobre a escolha dos MESCEs. Para escolhê-lo, é preciso ter alguns critérios. A pessoa pode se apresentar,

---

[12] Congregação para o Culto Divino. *Cerimonial dos Bispos*, p. 122, n. 391.
[13] Congregação para o Culto Divino. *Cerimonial dos Bispos*, p. 122, n. 392.

voluntariamente; ser indicada por outro MESCE, pelo pároco ou vigário paroquial; porém a indicação não significa aprovação. Depois de indicada, ela deve ser avaliada por uma equipe, juntamente com o pároco, para verificar se tem ou não condições de exercer esse ministério. Todo esse procedimento deve ser feito em sigilo, sem que a pessoa indicada saiba. Ao indicar alguém para ser MESCE, deve-se evitar que este fique sabendo da indicação. Ele deve saber somente depois de aprovado. Evita-se, assim, o constrangimento de indicar uma pessoa que a equipe não aprova. Quem é indicado tem toda a liberdade de aceitar ou não assumir o ministério.

Seguem alguns critérios básicos para indicar alguém para ser MESCE: que seja pessoa de boa índole; casada ou solteira; que tenha vida atuante na comunidade; que não tenha tido desavenças graves na comunidade; que não viva uma união ilegítima; que tenha todos os sacramentos da iniciação cristã (batismo, comunhão e crisma); que demonstre uma vida de intensa oração (frequência às missas, oração pessoal e em família etc.). Todo MESCE deve ser dizimista e participar das atividades promovidas pela comunidade (celebrações, eventos, festas, campanhas, mutirões etc.). Assim sendo, ao indicar uma pessoa para esse ministério, é necessário verificar se ela tem esse tipo de adesão com a comunidade.

A investidura de novos MESCEs deve ser feita pelo Bispo ou ser delegada por ele para que o padre a faça. Se for o bispo, após sua homilia, ele instrui os fiéis sobre as razões pastorais desse ministério em favor do povo de Deus nas assembleias litúrgicas. Em seguida, senta-se e dá início à cerimônia de investidura que procede da seguinte maneira:

Apresentação dos novos MESCEs: <u>Sacerdote:</u> A Igreja de Deus que está em N. (*nome da cidade e da diocese*) solicita de *Vossa* Eminência que se digne promover a ministros extraordinários da Sagrada Comunhão Eucarística os cristãos aqui presentes e conferir-lhes a missão canônica na qual serão investidos. <u>Bispo:</u> Sabeis se estão preparados para receber tão importante missão? <u>Sacerdote:</u> Seus nomes foram indicados pelos pastores das comunidades a que pertencem e acabam de receber a preparação exigida em nossa diocese. Exortação: (*Estando todos sentados, o bispo diz*): Bispo: Filhos caríssimos: fostes escolhidos para exercer um sublime ministério; deveis sentir-vos estimulados a procurar uma vida que seja testemunho de fé e de bons costumes entre vossos irmãos; deveis viver mais intensamente deste ministério, que é sinal e fonte de unidade da igreja. Sabeis que, toda vez que comemos o Corpo do Senhor e bebemos seu Sangue, proclamamos a Morte do Senhor até que Ele venha. Que vossas obras se transformem em oferta espiritual que Deus possa aceitar por meio de seu divino Filho. Além disso, todos nós, que participamos do mesmo pão, que somos muitos, formamos um só corpo. Assim, ao distribuirdes a Eucaristia aos irmãos, praticareis com mais fervor a caridade, como o Senhor ordenou quando disse a seus discípulos, ao lhes dar a comer seu Corpo: "O que vos mando é que vos ameis uns aos outros", e quando se ajoelhou, diante deles, e lhes lavou os pés. Terminado o curso no qual vos preparastes para exercer este nobre ministério que vos é oferecido pela Santa Igreja, considerai neste momento a vocação a que fostes chamados. Compromisso: (*Estando todos de pé, o Bispo, sentado, pergunta*): Bispo: Quereis assumir a função de distribuir a vossos irmãos o pão da Palavra e o Corpo do Senhor, com o intuito de servir e edificar a Igreja? Candidatos a MESCEs: queremos! Bispo: Quereis viver mais intensamente do mesmo Pão Eucarístico e conformar vossas vidas ao Sacrifício de Cristo? Candidatos a MESCEs: Queremos! Bispo: Quereis empenhar-vos com o máximo cuidado e reverência na conservação e administração da Eucaristia? Candidatos a MESCEs: Queremos! (*Diz o Bispo, estando todos de pé, e os novos MESCEs de joelhos*): Bispo: Irmãos, supliquemos confiantes a Deus Pai que se digne conceder sua bênção a estes nossos irmãos escolhidos para ministrar a Eucaristia. (*Todos oram alguns instantes em silêncio*). Bispo: Ó Deus de bondade, vós que fundastes e governais vossa família, dignai-vos abençoar estes nossos irmãos, a fim de que, distribuindo fielmente o pão da vida a seus irmãos e confortados pela virtude deste sacramento, venham a tomar parte no banquete celeste. Por nosso Senhor Jesus Cristo, vosso Filho, na unidade do Espírito Santo. Todos: Amém. (*Segue o rito da oração dos fiéis*).

Essas são, portanto, algumas orientações para os ministros extraordinários da distribuição da Sagrada Comunhão Eucarística. Outras informações e orientações podem ser encontradas na Instrução Geral do Missal Romano.

4

ACÓLITOS

O acolitato é um ministério e foi, até bem pouco tempo, considerado um grau dentro das ordens menores, o mais alto delas. Acólito é aquele que serve os sacerdotes em celebrações litúrgicas. Vale lembrar que, antes de se tornar diácono, os candidatos ao presbiterato devem receber da Igreja, oficialmente, os ministérios do Leitorado e do Acolitato. É, portanto, aquele que auxilia mais de perto o presidente da celebração. Nas paróquias onde não há esse ministério, os acólitos podem ser escolhidos entre os ministros extraordinários da Sagrada Comunhão Eucarística. O acolitato corresponde a um dos graus menores do sacramento da ordem. O seminarista, ou leigo, antes de receber o sacramento da ordem do diaconato, recebe antes esse grau menor, chamado de acolitato, tornando-se acólito. No entanto, há acólitos que não são ou estão no processo de recepção do sacramento da ordem. Esses são leigos que servem o altar sem as formalidades de um acólito instituído. A Instrução Geral do Missal Romano quando trata sobre os acólitos se refere ao acólito instituído.

A palavra acólito significa acompanhante, servidor, aquele que segue ao lado para servir, ajudar. No caso de uma celebração eucarística, é aquele que segue ao lado do presidente da celebração para lhe servir, ajudar naquilo que for necessário. Assim sendo, o acólito é aquele que, durante a Missa, permanece ao lado do presidente da celebração, seja no altar ou nas cadeiras que ladeiam a cátedra do presidente, atento às necessidades no exercício de sua função. O acólito pode ser clérigo, diácono, seminarista, MESCE, sacristão ou coroinha, porém, para exercer esse ministério, precisa receber a instituição, ou ser investido como acólito após um tempo de formação. Ou, em caso extraordinário, ser escolhido pelo presidente da celebração, para atuar temporariamente em caso de necessidade.

Sobre a função do acólito, diz o Cerimonial dos Bispos: "o acólito, no ministério do altar, tem funções próprias que ele mesmo deve exercer, ainda que estejam presentes outros ministros de ordem superior".[14] Como foi dito acima, a função do acólito, como o próprio nome diz, é auxiliar. Além de ajudar naquilo que é próprio do rito da missa, ele deve assessorar também em outras situações, tomando providências imediatas para solucionar o problema, como, por exemplo, providenciar um copo com água; ligar ou desligar um ventilador; providenciar toalhas extras para que o presidente da celebração enxugue o rosto em dias de muito calor; acertar o microfone, caso este esteja com problemas etc. O acólito não precisa deixar seu posto para tomar essas providências, discretamente, pode pedir isso para alguém da equipe de celebração, um MESCE, ou coroinha, por exemplo. O acólito é aquele que detectará a necessidade e encaminhará a solução. Por estar mais próximo do presidente da celebração, é a ele que o presidente irá recorrer quando necessitar de algo. Havendo mestre de cerimônia, essas necessidades poderão ser sanadas por ele. Pode ser também função do acólito levar a cruz processional, ou círio pascal, na procissão de entrada; durante a Missa, ajeitar o missal para facilitar o acesso do presidente da celebração e virar suas páginas quando necessário, indicando os textos a serem lidos; providenciar e apresentar as coisas necessárias para preparar o altar, de modo que nada venha a faltar; na hora da preparação do altar, pegar na credência o cálice e seu conjunto (patena com hóstia grande, corporal, sanguinho e pala) e entregar para que o coroinha os leve até o presidente da celebração; quando houver diácono preparando o altar, entregar os vasos sagrados a ele para que prepare o altar; acompanhar o presidente da celebração e os MESCEs durante a distribuição da comunhão aos fiéis. Caso o acólito seja também um

---

[14] Congregação para o Culto Divino. *Cerimonial dos Bispos*, p. 24, n. 27.

MESCE, ele ajudará na distribuição da comunhão; lembrando que o acólito instituído é também ministro extraordinário da distribuição da sagrada Comunhão Eucarística. O acólito também arrumará os vasos sagrados na credência depois da purificação, caso essa função não tenha sido delegada para os MESCEs. Ao fim da celebração, acompanhará o presidente até a sacristia e o ajudará a tirar os paramentos. Somente depois de auxiliar o presidente, o acólito poderá retirar suas vestes litúrgicas. Enfim, o acólito é o primeiro a se paramentar e o último a tirar suas vestes litúrgicas.

Aconselha-se que o acólito seja também MESCE. Ele é instituído para ajudar no altar. Ele cuida do altar, auxiliando quem preside as ações litúrgicas, principalmente na celebração da Missa. Se ele for MESCE, distribuirá a comunhão segundo as normas do direito. Cabe ao acólito orientar "aqueles que exercem algum ministério ou ações litúrgicas, como, por exemplo, os que levam o livro, a cruz, as velas, o turíbulo, seja os que exercem outras funções semelhantes".[15]

O acólito deve ser uma pessoa bem preparada, conhecer todos os rituais da Missa e as funções que gravitam em torno de seu rito. Sem o devido conhecimento, um acólito não cumprirá bem sua função. Por essa razão, o cerimonial dos Bispos recomenda: "nas celebrações a que preside o Bispo, convém escolher acólitos devidamente instruídos para exercerem seu ministério".[16] Assim sendo, o acólito, antes de exercer esse ministério, deve ser submetido a um tempo de preparação, conforme as orientações da diocese e as normas do direito.

É importante acentuar, como já dito, que o acolitato é um ministério. Ele pertencia às antigas ordens menores, juntamente com os subdiáconos, leitores, ostiários e exorcistas, porém o papa Paulo VI, em 15/08/1972, com seu Motu proprio *Ministeria Quædam*, decidiu rever essa prática. Estabeleceu que elas fossem suprimidas como ordens menores e que ficassem na categoria de "ministérios" para a Igreja universal, deixando às Conferências Episcopais o poder de pedir a instituição de outros. Desde então, esse ministério é também

---

[15] Congregação para o Culto Divino. *Cerimonial dos Bispos*, p. 24, n. 28.
[16] Congregação para o Culto Divino. *Cerimonial dos Bispos*, p. 24, n. 28.

para leigos, ou seja, não apenas para os que almejam os ministérios ordenados, como antes, embora os candidatos às ordens sacras tenham de receber antes esses ministérios. O Código de Direito Canônico afirma: "Antes de alguém ser promovido ao diaconato permanente ou temporário, requer-se que tenha recebido os ministérios de leitor e de acólito e os tenha exercido por tempo conveniente" (cân. 1035, § 1). A esses o acolitato é algo instituído, enquanto que para os ministros leigos que servem o altar o acolitato é um ministério não instituído. Vemos, portanto, que, no caso dos candidatos às ordens sacras, esse ministério passou a ser por instituição em vez de ordenação, que se reserva exclusivamente ao bispo, presbítero e diácono, podendo ser um MESCE convocado pelo pároco ou outra pessoa, como, por exemplo, alguém que tenha sido.

O acólito, seja ele instituído ou não instituído, deve exercer seu ministério guiado por uma espiritualidade consistente, resultado de uma vida de oração e dedicação a Deus. Assim sendo, a pessoa do acólito deve ter e demonstrar espiritualidade. Para isso ele precisa exercitar sua dimensão espiritual por meio de retiros, orações pessoais e comunitárias e frequência à missa. Deve ler e meditar a Palavra de Deus, por meio da *Lectio Divina*, rezar a liturgia das horas e, quando atuar, fazer cada ato colocando nele toda espiritualidade que emana de seu ser cristão. Não fica bem para quem atua em uma equipe de celebração, tampouco para um acólito, fazer as coisas mecanicamente, demonstrando rotina ou desinteresse. Por mais que a função exija atuação constante, nunca a transforme em um mero serviço ou atos mecânicos. Faça tudo com amor e dedicação e, sobretudo, com devoção. A espiritualidade se revela na maneira como se serve o altar, na forma como se dirige às pessoas, na conduta diante da assembleia e no dia a dia da vida pessoal e comunitária do acólito. Assim resume o Cerimonial dos Bispos sobre a vida espiritual dos acólitos: "Para mais dignamente exercer suas funções, deve o acólito participar da sagrada Eucaristia, cada dia com mais fervor e piedade, alimentar-se dela e adquirir, a respeito dela, um conhecimento cada vez mais elevado. Empenhe-se em penetrar o sentido íntimo e espiritual das ações que realiza, de modo que todos os dias se ofereça inteiramente a Deus e se entregue com sincero amor ao Corpo místico de Cristo, quer dizer, ao povo de Deus, cuidando principalmente dos fracos e dos enfermos".[17]

O ministério do acolitato exige daquele que o recebe responsabilidade e fidelidade. Assim sendo, quem não tem essas duas características ou virtudes não serve para ser acólito. A responsabilidade consiste, entre outros procedimentos, em não esquecer o compromisso; chegar sempre bem antes do início da celebração; e arrumar o altar, caso não haja responsáveis para essa função. Se houver alguém escalado para arrumar o altar, como, por exemplo, um MESCE, coloque-se à disposição para ajudar. Faz também parte da responsabilidade do acólito ensinar, orientar aqueles que exercem algum ministério nas ações litúrgicas, como, por exemplo, os coroinhas, os que levam o livro, a cruz, as velas, o turíbulo, ou os que exercem funções semelhantes (cf. Cerimonial dos Bispos, n. 28 § 2º). Além da responsabilidade durante a celebração, é preciso também que o acólito seja responsável fora dela, como, por exemplo, no compromisso de visitar os doentes e levar-lhes a comunhão e em seus afazeres diários, relacionados à vida eclesial, caso acólito instituído ou MESCE. A fidelidade consiste, entre outras coisas, em seguir as orientações litúrgicas dadas para os que exercem esse ministério. Para tanto, é necessário que o acólito leia as rubricas do Missal Romano, bem como as orientações do Cerimonial dos Bispos, o Catecismo da Igreja e os cânones do Código de Direito Canônico, que tratam sobre o acolitato, e entenda o que ali está especificado para essa função. Procure fazer tudo conforme esses documentos orientam e não invente procedimentos que não correspondem ao ministério do acolitato. É importante também que os acólitos se entrosem bem com os MESCES e definam entre eles suas funções, pois elas são muito similares, para não dizer quase as mesmas.

Os acólitos precisam ter também zelo litúrgico, que consiste em fazer tudo conforme o indicado acima, seguindo as orientações dos

---

[17] Congregação para o Culto Divino. *Cerimonial dos Bispos*, p. 24, n. 29.

documentos da Igreja. Além disso, faz parte do zelo litúrgico cuidar para que as alfaias da Igreja sejam dignas, conciliando simplicidade, beleza e, ao mesmo tempo, nobreza, porém sem ostentações. Tudo deve ser devidamente cuidado: alfaias limpas, bem passadas, sem rasgos ou sinais do tempo muito evidentes; vasos sagrados bem cuidados e em boas condições de uso; objetos e símbolos litúrgicos (cruz, velas, turíbulo etc.) em boas condições. Não é, necessariamente, o acólito que fará o serviço de manutenção, mas ele deve averiguar se tudo está bem mantido. Não estando, deverá procurar as pessoas responsáveis e, com delicadeza e tato, pedir que tomem providências.

Faz parte também do zelo litúrgico o cuidado com as vestes próprias. O acólito usa túnica ou alva, preferencialmente de cor branca, despojada de adornos ou bordados, evitando assim que se confunda com as vestes dos ministros ordenados ou dos cerimoniários, a menos que o acólito esteja desempenhando a função de cerimoniário; ainda assim, é bom evitar exageros. As vestes devem estar sempre bem limpas e sem sinais de dobra ou amasso. Para isso é preciso cuidar na hora de guardá-la. Prefere-se que tais vestes fiquem no armário da sacristia da igreja, onde se guardam as vestes litúrgicas; porém nada impede que o acólito a leve para casa, a fim de a lavar e passar, e depois a devolva para a celebração. Não se pode permitir um acólito atuar sem as vestes próprias de seu ofício.

Sobre o lugar do acólito na procissão, a Instrução Geral do Missal Romano diz: "na procissão para o altar, o acólito pode levar a cruz, entre dois ministros que levam velas acesas. Depois de chegar ao altar, depor a cruz perto do altar e ocupar seu lugar no presbitério".[18] De acordo com o Cerimonial dos bispos, compete também ao acólito levar o livro, as velas e o turíbulo.[19] Assim sendo, durante a procissão de entrada, um desses objetos é incumbência do acólito levar, a começar pela cruz. É também sua função, como já foi dito, orientar quem for levar esses objetos para que tudo proceda corretamente.

---

[18] Cf. MISSAL ROMANO. *Os ofícios do acólito*. Instrução Geral sobre o Missal Romano, n. 143, 7ª Ed., São Paulo, Paulus, p. 60.
[19] Cf. Cerimonial dos Bispos. Índice dos assuntos mais importantes – *Acólitos*, p. 318.

Pede-se que o acólito cuide de sua conduta no presbitério, isto é, que mantenha uma postura orante e discreta, mesmo tendo diversas funções que o colocarão em evidência em alguns momentos. De acordo com a Instrução Geral do Missal Romano, "durante a celebração, cabe ao acólito aproximar-se do sacerdote ou do diácono, para lhes apresentar o livro e ajudá-los em outras coisas necessárias. Convém, portanto, que, na medida do possível, ocupe um lugar do qual possa comodamente cumprir seu ministério, quer junto à cadeira quer junto ao altar".[20] Enfim, que o acólito "empenhe-se em penetrar o sentido íntimo e espiritual das ações que realiza".[21] Quando não estiver auxiliando em alguma ação, esteja em seu lugar devidamente comportado e compenetrado na celebração.

Sobre a instituição de acólitos, candidatos às ordens sacras, os documentos da Igreja fazem as seguintes orientações: os acólitos que são candidatos às ordens sacras, como os diáconos permanentes e temporários, devem ser instituídos oficialmente em uma celebração comunitária, diante da assembleia. Afirma o Cerimonial dos Bispos: "a instituição dos acólitos faz-se unicamente dentro da Missa".[22] Há todo um ritual a ser cumprido na cerimônia de instituição dos acólitos, conforme podemos ver nos números 808-820 do Cerimonial dos Bispos. Por ocasião da preparação dessa cerimônia, é importante consultar esse documento para proceder corretamente. Os acólitos que não são candidatos às ordens sacras não são instituídos, não têm, portanto, de ser submetidos a nenhuma cerimônia, ou ritual formal, como é exigido aos acólitos supracitados; mas nada impede que a paróquia faça durante a Missa algum ritual de investidura desses acólitos.

---

[20] Cf. Instrução Geral do Missal Romano, n. 144.
[21] Cf. Cerimonial dos Bispos, n. 29, p. 24.
[22] Cf. Cerimonial dos Bispos, n. 809, p. 207.

5

COROINHAS

Coroinha é o menino ou a menina que têm a função de auxiliar o sacerdote, juntamente com os acólitos e ministros extraordinários da Sagrada Comunhão Eucarística, durante a celebração da Missa. Até um passado bem recente, eram apenas os meninos que desempenhavam essa função.

Embora muitos façam certa confusão, coroinha não é a mesma coisa que acólito. Coroinha é um serviço, e não um ministério, prestado por crianças, adolescentes e até por jovens, e consiste em auxiliar o celebrante apenas durante a missa e nos preparativos dela. O dicionário assim define o coroinha: "menino que tem a função de auxiliar o sacerdote durante a celebração da missa e que goza dos mesmos privilégios dos acólitos".[23] A definição não está totalmente correta, ou completa, porque podem ser coroinhas também as meninas. Em 1994, o papa João Paulo II, por meio da Encíclica *Redemptionis Sacramentum*, autorizou que meninas também desempenhassem essa função. A Congregação para o Culto Divino e a Disciplina dos Sacramentos, na Instrução *Redemptionis Sacramentum*, n. 122, afirma: "a esta classe de serviço ao altar podem ser admitidas meninas e mulheres, de acordo com os critérios do Bispo diocesano e observando as normas estabelecidas". Também essa definição não está de todo correta porque os coroinhas gozam apenas de alguns privilégios dos acólitos, que podem, por exemplo, distribuir a comunhão e orientar a equipe de celebração, caso sejam acólitos instituídos.

---

[23] Cf. Dicionário HOUAISS da língua portuguesa. Verbete coroinha, p. 841.

A Encíclica *Redemptionis Sacramentum* (n. 47), de João Paulo II, assim refere ao coroinha e a sua função na Igreja: "É muito louvável que se conserve o benemérito costume de que crianças ou jovens, denominados normalmente assistentes (coroinhas), estejam presentes e realizem um serviço junto ao altar, similar ao dos acólitos, mas recebam uma catequese conveniente, adaptada a sua capacidade, sobre essa tarefa. Não se pode esquecer de que do conjunto dessas crianças, ao longo dos séculos, tem surgido um número considerável de ministros consagrados. Institucionalizar e promover associações para eles, nas que também participem e colaborem com os padres, e com os quais se proporcionam aos assistentes (coroinhas) uma atenção pastoral eficaz. Quando esse tipo de associações tenha caráter internacional, fica de responsabilidade da Congregação para o Culto Divino e a Disciplina dos Sacramentos erigir, aprovar e reconhecer seus estatutos. A essa classe de serviço ao altar podem ser admitidas meninas e mulheres, de acordo com o critério do Bispo diocesano e observando as normas estabelecidas".[24]

É bom destacar que o coroinha auxilia antes e depois da celebração e durante esta, em momentos específicos. Antes, poderá auxiliar o acólito, ou algum MESCE, na preparação dos vasos sagrados, dos livros (Lecionário, Evangeliário e Missal) e das alfaias; ajudará na providência da cruz processional ou do Círio Pascal, dos recipientes para a coleta e na preparação da credência e em qualquer outro serviço que lhe for solicitado. Durante a celebração, poderá levar a cruz processional ou outro objeto que lhe for pedido; auxiliará o presidente da celebração, ficando a seu lado (se não houver acólito) ou um pouco afastado, sempre atento às necessidades do presidente da celebração; ajudará na recepção das oferendas e dos vasos sagrados, como também levará até o altar o cálice com a patena, o corporal e o sanguíneo e também o lavabo para a purificação das mãos do presidente da celebração, juntamente com o manustérgio; depois de terminado os rituais de preparação do altar e de purificação, colocará

---

[24] Cf. PAPA, João Paulo II. Congregação para o Culto Divino e a Disciplina dos Sacramentos. Encíclica *Redemptionis sacramentum* (n. 47), 1994.

de volta na credência o lavabo e seus complementos e se posicionará ao lado do presidente da celebração durante a oração eucarística. Ao lado não significa colado ao altar, mas um pouco afastado, de modo que não atrapalhe o desenvolvimento do ritual nem o movimento do presidente da celebração, caso não haja acólito nessa função. Durante a consagração, tocará a sineta, se houver esse costume. No momento da comunhão, acompanhará o sacerdote, ou os MESCES, na distribuição da comunhão, sem distribuí-la. Se a comunhão for sob as duas espécies, poderá segurar a patena, enquanto os fiéis comungam, ou o sanguíneo. Após a comunhão, ele se dirigirá a seu assento e aguardará o momento dos ritos finais para se aproximar do altar. E, depois da celebração, o coroinha ajudará a guardar os materiais utilizados na Missa.

Outras funções dos coroinhas: *cruciferário* – aquele que leva a cruz na procissão de entrada ou ao término da celebração; *ceroferário* – aquele que leva o Círio Pascal na procissão de entrada, ou as velas que ladeiam a cruz processional; *cerimoniário* – aquele que coordena toda a celebração (para esta função deve haver uma pessoa devidamente preparada. Somente em caso de necessidade, um coroinha poderá desempenhá-la, desde que esteja preparado para isso e conheça bem todo o desenrolar da cerimônia); *turiferário* – aquele que carrega o turíbulo aceso e entrega ao presidente da celebração nos momentos de incensar (é o turiferário, quem prepara o turíbulo com as brasas, momentos antes de ser utilizado – no início da celebração, na proclamação do Evangelho, nas oferendas e no momento da consagração. Neste último, incensar é tarefa do turiferário. Ele fica ajoelhado defronte do altar e, quando da elevação da patena e do cálice pelo presidente da celebração, incensa-os com três ductos cada um); *naveteiro* – aquele que acompanha o turiferário com a naveta contendo os grãos de incenso (em momento oportuno, ele entrega a colherinha que acompanha a naveta ao presidente da celebração para que ele coloque o incenso no turíbulo); <u>*sineteiro*</u> – aquele que toca o sino no início da celebração e no momento da consagração, quando for costume; *librífero* – aquele que segura o livro (missal) para o presidente durante a celebração (é também librífero aquele que traz o Livro Santo – Evangeliário ou Bíblia – antes da liturgia da Palavra); *baculífero* – aquele que cuida do báculo do bispo durante as cerimônias por ele presididas; *mitrífero*: aquele que se responsabiliza pela mitra do bispo em cerimônias por ele presidida (tanto o báculo, como a Mitra ou o solidéu é o cerimoniário quem se encarrega de pegar com o Bispo e entregá-los ao coroinha que faz uma dessas funções supracitadas). Todo coroinha, antes de começar a exercer sua função, deve passar por um tempo de preparação. Isso não significa que, depois de investido, ele não precise mais de formação. Pelo contrário, deve haver um processo contínuo de formação, com estudos de temas voltados para a área da liturgia, eclesiologia, bíblia e de outros temas complementares que possam aperfeiçoar, cada vez mais, o conhecimento do coroinha. A formação inicial deve se concentrar no conhecimento dos objetos sacros, como, por exemplo, o nome de cada coisa e para que serve. Deve saber como e quando manusear esses objetos. É importante também, nessa fase inicial, conhecer o ritual da Missa e as orações. Assim sendo, o estudo da missa, parte por parte, é algo fundamental para orientar o coroinha em seus procedimentos no altar. Deve fazer parte da formação inicial do coroinha, orientações sobre seu comportamento no presbitério. Quem coordena a equipe de coroinhas deve manter um calendário de reuniões e de formação, que pode ser semanal ou mensal.

    Sobre os objetos sacros e procedimentos a serem conhecidos, coloco aqui alguns, por ordem alfabética, pois os coroinhas precisam saber o que são e quais suas finalidades. Esses e outros estão no vocabulário final. São eles: *Alfaias* – toalhas e ornamentos, ou instrumentos do altar que forem de tecidos; *Altar* – a mesa onde se celebra a Missa, o centro de toda a liturgia; *Alva* – veste branca, longa e, por vezes, com renda na barra. Traduz purificação, alegria, consagração ao serviço da Igreja; *âmbula* (ou Cibório) – vasilha (de diversos formatos, e tamanhos, e com tampa) que contém as partículas (hóstias consagradas); *amito* – é um retângulo de tecido branco, normalmente de linho ou algodão e com uma cruz ao meio, tendo fitas ou cordões em duas das pontas. Serve para colocar à volta do pescoço, atando-se no peito com as fitas. Todos os ministros que vestem a alva podem vestir o amito. Seu uso não é obrigatório, mas aconselhado sempre que a alva ou túnica não cobrir totalmente a roupa que estiver usando debaixo, na zona do pescoço. Ao vestir o amito, o ministro diz: "Senhor, colocai sobre minha cabeça o capacete da salvação, para que possa repelir todos os assaltos diabólicos"; *asperges* ou *aspersório* – é o instrumento com que se faz a aspersão com água benta. Um instrumento pequeno, tipo bastão, usado para aspergir os fiéis; *báculo* – bastão episcopal, uma espécie de cajado ou bordão, que simboliza o serviço do "Pastor" e seu poder; *batina* – veste ou paramento litúrgico, hábito eclesiástico (do sacerdote); *caldeira ou caldeirinha* – a vasilha onde se coloca a água benta usada para aspergir os fiéis; *cálice* – recipiente em forma de taça, usado para a consagração do vinho. Às vezes se parece com a âmbula ou cibório, porém não tem tampa como a âmbula ou o cibório; *casula* – veste sacerdotal igual a uma pequena capa, usada sobre a alva (túnica) durante as celebrações. A cor da casula varia de acordo com o tempo ou as circunstâncias do ano litúrgico. Podem ser branca (festas), verde (tempo comum), vermelha (mártir) ou roxa (quaresma ou advento); *castiçal* – utensílio com bocal na parte superior para segurar velas de iluminação; *cíngulo* – é uma espécie de corda que se amarra em volta da cintura, cuja finalidade prática é ajustar a alva e prender a estola. Ele tem uma finalidade simbólica que é a de se cingir os rins, tradição semítica, que representa o respeito e a reverência ao sagrado durante as celebrações litúrgicas. Há outro sentido mais contemporâneo que é o do avental, que se amarra na cintura e é simbolo daqueles que estão prontos para servir. O cíngulo pode ser usado pelos diáconos, padres e bispos. Sendo comum a todos os ministros, pode ser usado também pelos acólitos e coroinhas. Embora seja considerado um paramento, não tem uso obrigatório, mas é recomendado pela tradição litúrgica da Igreja Católica; *Círio Pascal* – vela grande de cera, que simboliza o Cristo ressuscitado. É usada no tempo pascal e em cerimônias sacramentais, como, por exemplo, nos batizados; *conopeu* – pequena cortina que é colocada defronte o sacrário ou véu que cobre a âmbula ou cibório com as partículas consagradas; *corporal* – pano de linho engomado, sobre o qual se colocam as partículas consagradas, ou a consagrar, e o vinho consagrado ou a consagrar; *credência* – a mesinha onde ficam depositados os objetos sacros usados durante a missa e nas demais cerimônias; *estola* – paramento usado pelo sacerdote e diácono, sobre os ombros, por cima da túnica, representando a dignidade sacerdotal e diaconal. A cor da estola varia de acordo com o tempo e a circunstância da liturgia (verde, branca, vermelha ou roxa). O diácono usa estola transversal; *Eucaristia* – as partículas e o vinho depois de consagrados; *evangeliário* – livro que contém os Evangelhos e que pode ser conduzido em procissão de entrada e antes da proclamação do Evangelho; *galhetas* – as vasilhas em que são guardados o vinho e a água usados durante a celebração litúrgica; *genuflexão* – ato de dobrar o joelho; *hóstia* – partícula de pão ázimo (sem fermento) que se consagra na Missa; *incenso* – resina aromática, que, em forma de grãos, extraída de várias espécies de árvores, se queima durante determinadas celebrações. É uma tradição antiga da Igreja e simboliza a proteção e purificação; *lavabo* – cerimônia da ação litúrgica sacrificial. Simboliza a purificação da comunidade, especialmente a do celebrante; *lecionário* – manual que contém apenas as leituras usadas nas missas. Esse livro se divide em três volumes (Lecionário dominical, semanal e santoral); *manustérgio* – pequena toalha de linho usada pelo celebrante e pelos ministros da Eucaristia para enxugar as mãos (ou os dedos); *mesa da Palavra ou ambão* – espécie de púlpito ou tribuna, local apropriado para proclamar a Palavra de Deus e fazer a homilia; *missal* – livro que contém as orações, as leituras e a fórmula das Missas para cada dia e cada domingo do ano; *mitra* – insígnia que os bispos, arcebispos e cardeais colocam na cabeça, simbolizando a dignidade episcopal; *naveta* – vasilha (formato de pequeno barco) usada para guardar o incenso que é colocado no turíbulo; *ostensório ou custódia* – objeto em que se ostenta a Hóstia Consagrada, por ocasião das procissões ou da adoração e das bênçãos do Santíssimo; *pala* – cartão, revestido de pano, usado para cobrir o cálice durante a celebração da Santa Missa; *partícula* – hóstia; *patena* – vasilha, em forma de pratinho, em que se coloca a hóstia da Santa Missa; *presbitério* – lugar da Igreja onde ficam os celebrantes e auxiliares (coroinhas, acólitos, cerimoniários) e a mesa do altar; *sacrário* – lugar onde se guardam as hóstias consagradas, lugar do maior respeito nas igrejas; *sacristia* – sala anexa à igreja, onde são guardados os paramentos e objetos religiosos; *sanguíneo* – pano de linho, usado para purificar o cálice e o cibório (âmbula) e outros objetos litúrgicos; *Santíssimo* – hóstia consagrada, o Corpo e Sangue de Cristo; *sineta* – pequeno sino, usado pelo coroinha, durante a consagração da missa e em outros momentos; *sobrepeliz* – veste branca usada sobre a túnica, pelo sacerdote, durante algumas cerimônias, como, por exemplo, no batismo e nas bênçãos; *solidéu* – pequena boina, usada pelo Papa, pelos bispos, arcebispos e cardeais; *teca* (ou píxide) – pequeno invólucro de metal (estojo), usado para levar a Comunhão aos enfermos; *túnica* – veste longa usada pelo celebrante e também pelos coroinhas e acólitos, por ocasião das celebrações; *turíbulo* – vaso em que se queima incenso sobre brasas, em cerimônias solenes. É o mesmo que incensário ou incensório; *véu de ombros* ou véu umeral – é um pequeno manto que o celebrante usa sobre os ombros por ocasião da bênção do Santíssimo ou da procissão solene.

    Todo coroinha deve participar assiduamente das reuniões propostas pela coordenação. Elas são importantes porque são tratados vários assuntos de interesse do coroinha, bem como temas que o ajudam em seu processo de formação. Nessas reuniões, que devem ser semanais ou mensais, dependendo da forma como se é organizada a participação dos coroinhas nas celebrações, deve ser feita a escala dos coroinhas para as Missas e devem ser passadas algumas informações sobre os procedimentos para a atuação, principalmente se for em Missas solenes. São também para avaliar as atuações dos coroinhas e tratar de temas, como, por exemplo, responsabilidade e fidelidade com a função; a vida de oração pessoal e comunitária do coroinha; o zelo litúrgico e outros temas que forem pertinentes. Quando um coroinha faltar a uma reunião, sem justificativa, quem coordena deverá procurar saber com seus pais, ou responsáveis, as razões de sua falta. É importante que cada reunião tenha uma pauta de assuntos, que devem ser tratados de modo que não se alongue em demasia nem sejam superficiais ao ponto de a reunião não durar meia-hora. Sua pauta deve ser assim elaborada: 1) oração inicial; 2) leitura, correção e aprovação da ata da reunião anterior; 3) colocação da pauta, apontando cada um dos assuntos da reunião a serem tratados neste dia; 4) explanação de cada assunto, um a um, na ordem de sua colocação; 5) espaço para outros assuntos da parte dos coroinhas, que sejam pertinentes; 6) avisos ou comunicados; 7) oração final.

O coroinha, embora seja criança ou adolescente, precisa ser uma pessoa responsável, isto é, cumprir com suas obrigações e seus compromissos, com eficiência. Faz parte da responsabilidade do coroinha chegar à celebração com pelo menos meia-hora de antecedência. Esse é o tempo mínimo para que ele se paramente e prepare o altar e tudo o que será usado na celebração. Havendo quem faça esse serviço, coloque-se à disposição para auxiliá-lo. Um coroinha responsável é aquele que não espera alguém pedir que ele faça algo, mas detecta as necessidades e se disponibiliza a colaborar. Ele deve também cuidar das próprias vestes e para que tudo esteja em seu devido lugar no presbitério; preparar com antecedência o incenso e o turíbulo, quando forem usados; tirar possíveis dúvidas sobre a celebração e sua atuação nela, para que possa agir corretamente; não faltar às reuniões de coroinhas, nem aos encontros de formação ou a qualquer outra atividade para qual for convocada sua presença; avisar com antecedência a coordenação dos coroinhas quando não puder comparecer a alguma de suas atividades; manter os pais informados de suas atividades na igreja e se empenhar para que eles participem das Missas e das reuniões às quais forem convocados; estar sempre em sintonia com o pároco e com quem presidir a celebração. Ao término da celebração, não sair apressadamente da igreja, mas permanecer na sacristia até que perceba que não há mais necessidade de sua presença.

Todo coroinha precisa ser também fiel a seu compromisso e às pessoas que por ele são responsáveis (ex: ser fiel ao presidente da celebração, ao coordenador dos coroinhas, ao coordenador da equipe de celebração, aos diáconos, aos mestres de cerimônia etc.). Fidelidade consiste em ser responsável pelos compromissos assumidos e ter respeito e obediência às pessoas. Faz parte da fidelidade de um coroinha não faltar às reuniões; não faltar nos dias em que estiver escalado para atuar; não faltar às cerimônias solenes da paróquia, nem aos retiros, ou a qualquer outro evento que peça sua presença. É fiel também aquele que zela por suas vestes, não as usando quando estiverem amassadas ou sujas. Outra característica de um coroinha fiel é o cuidado pessoal: andar sempre limpo, com cabelos bem aparados, penteados e dentes limpos, tomar banho antes de vir atuar nas Missas etc. Todo coroinha deve seguir fielmente as orientações que recebeu e manter-se fiel a elas, não fazendo as coisas de qualquer jeito. É preciso fazer tudo com amor e dedicação.

Faz parte também dessa fidelidade a pontualidade dos compromissos, e, sobretudo, das orientações recebidas. Nesse caso, pontualidade não significa chegar na hora em que a Missa vai começar, mas na hora marcada para os coroinhas chegarem. Quem vai determinar o horário da chegada é o coordenador dos coroinhas, o coordenador da equipe de celebração ou outro que estiver responsável por eles. Caso ninguém determine o horário para os coroinhas chegarem, é preciso que cheguem meia-hora antes e confiram se tudo está organizado. Não estando, devem organizar ou ajudar a organizar.

O coroinha também precisa cultivar a espiritualidade. Nada mais desagradável do que presenciar no presbitério coroinhas que aparentam não saber por que estão ali ou falta de interesse e não tenham postura espiritual, não demonstrando piedade, fé, devoção, ou seja, espiritualidade. Demonstram falta de espiritualidade aqueles que atuam de qualquer maneira; que ficam dispersos durante a celebração; que brincam o tempo todo ou têm posturas inadequadas durante a missa, entre outras coisas que demonstram pouca formação religiosa. Lembrem-se: os coroinhas lidam com o sagrado e o presbitério funciona como uma vitrine. Quem está ali está sendo observado pela assembleia, também, por isso, é preciso proceder corretamente e demonstrar amor ao que está fazendo. Para lidar com o sagrado é preciso preparação espiritual. Assim sendo, é preciso levar uma vida de oração, rezar dentro e fora da igreja, antes de se deitar e ao se levantar, participar de retiros, dar exemplo de amor ao próximo, frequentar as missas, mesmo que não seja o dia de atuar como coroinha, enfim, cultivar a espiritualidade com práticas espirituais.

Sobre a idade em que uma pessoa poderá iniciar ou terá de deixar de ser coroinha, não há uma exata. Cada diocese coloca suas normas ou oferece suas sugestões. Alguns começam muito cedo, bem antes da catequese. Outros preferem o tempo da catequese para iniciar na função ou após concluí-la. Enfim, nesse caso, o que vale é o bom senso. Um coroinha muito novo, que ainda não é alfabetizado, por exemplo, terá mais dificuldades de servir o altar. Por outro lado, quem já completou quinze anos também pode atuar em outros serviços e ministérios da comunidade, deixando o serviço de coroinha para os menores de idade. Assim, cabe a cada diocese ou paróquia estipular essa faixa etária. A faixa etária ideal é entre dez e quinze anos. O mesmo ocorre com o tempo de atuação. Não existe um tempo exato, tudo depende de cada realidade e da vontade do coroinha de continuar nesse serviço à comunidade.

No exercício de sua função, o coroinha atua antes e depois da celebração e durante esta também. Antes de começar a celebração, ele deve se paramentar e ajudar a preparar o altar e o que for necessário para a missa: conferir os livros (Missal, Lecionário e Evangeliário – se houver) para ver se eles estão com as marcas (fita) na página certa; conferir se nas galhetas há água e vinho suficientes; conferir a água do lavabo (jarra) e o manustérgio; verificar se a hóstia grande está na patena e se estão colocados adequadamente o sanguíneo e o corporal sobre o cálice; providenciar a cruz processional, colocando-a no lugar apropriado; acender as brasas do turíbulo e providenciar o incenso no momento certo, caso seja uma missa solene em que ele será utilizado; ajudar o sacerdote a se paramentar; participar com a equipe do momento de oração que antecede a celebração; colocar-se em uma postura orante. Deve-se evitar qualquer tipo de atitude que não condiga com a função exercida. Porém, se o coroinha for uma criança muito pequena, é preciso que essas funções sejam acompanhadas e orientadas por um acólito.

Um dos coroinhas poderá levar a cruz, que irá à frente, durante a procissão de entrada, caso o acólito não desempenhe essa função e a delegue para um coroinha. Os demais coroinhas, se houver, entrarão de dois em dois na procissão. Ao chegarem diante do altar, no presbitério, quem estiver com a cruz deverá parar voltado para a assembleia, e os demais, que estiverem na procissão, farão a reverência, ou vênia, diante da cruz. Se algum coroinha estiver segurando algum objeto, como o missal, ele não fará reverência. Depois da vênia, todos deverão ir para seus lugares. Se for costume local, um ou dois coroinhas deverão buscar as intenções no momento indicado. Sempre que passar diante do altar, deve-se fazer a reverência e, diante do sacrário, ou da exposição do Santíssimo, a genuflexão. Recomenda-se, quando houver esse procedimento, buscar as intenções, quando começar o Hino de Louvor (Glória), esperar, ao voltar, diante do presbitério até o padre dizer "oremos" e colocá-las, em seguida, sobre o altar. Durante a Quaresma e no Advento, quando não há hino de louvor, levar as intenções quando começar o Ato Penitencial. Em muitas paróquias, é função do coroinha segurar o missal e o microfone para o padre. Eles devem estar atentos para os momentos certos, como, por exemplo, dirigir-se um pouco antes do "oremos" para perto do padre e, no momento da oração, segurar o missal para que ele profira a oração do dia. Assim sendo, quando ele disser "oremos", tanto o missal quanto o microfone devem ser levados por dois coroinhas. Porém isso depende das orientações de cada paróquia. Há padres que fazem a oração diretamente do altar e que preferem segurar o microfone, deixando o Missal sobre o altar. Durante a liturgia da Palavra, o coroinha deve estar atento às leituras e à homilia e evitar qualquer tipo de dispersão nesse ou em qualquer outro momento da missa. Durante a oração universal, nas últimas preces, os coroinhas devem se dirigir à sacristia, ou à credência, e levar os objetos para o altar. Levam-se o cálice e as âmbulas, sempre segurando firmemente. Com a mão esquerda, segura-se o cálice e a direita deve ser colocada por cima, sobre a patena. Isso evita que haja queda dos objetos sagrados. As tampas das âmbulas devem ser colocadas sobre a credência e nunca deixadas sobre o altar. As galhetas devem ser levadas para o presidente da celebração ou para quem estiver preparando o altar, no momento certo. Após o uso, devolvê-las na credência. A mesma coisa deve ocorrer com o lavabo. Quando houver uso de incenso, este deve ser preparado um pouco antes do ofertório e, em seguida, após a preparação do altar, ser entregue ao presidente da celebração para que incense as oferendas, o altar e o que estiver a sua volta. Logo após, se for o caso, o coroinha receberá o turíbulo e incensará o presidente da celebração, os concelebrantes, os que estiverem no presbitério e o povo. Durante a oração eucarística, no momento da consagração, quem for incensar se dirigirá diante do altar, ajoelhar-se-á e incensará a eucaristia em dois momentos: quando a partícula for elevada e quando o cálice for elevado. Deve-se incensar sempre com três ductos do turíbulo. Quando o padre disser "anjos e santos", o coroinha que irá tocar a sineta (se houver) irá pegá-la, ou ao lado do altar, ou no chão, ajoelhar-se-á, durante a consagração, e dará um leve toque na sineta quando o padre impuser as mãos sobre as oferendas. Quando erguer a Hóstia e o cálice, deverá tocar três vezes em cada um desses momentos. Depois da expressão "eis o mistério da fé", todos ficarão em pé, inclusive os coroinhas, dar-se-á um leve toque na sineta, será feita reverência e a sineta será colocada em seu lugar. Onde for costume de os coroinhas segurarem a patena enquanto se distribui a comunhão, deve-se providenciá-la no momento do abraço da paz. Depois da expressão "eu não sou digno de que entreis em minha morada...", os coroinhas irão diante do altar, ladeando-o. Quando os ministros descerem para a assembleia, para distribuir a comunhão, os coroinhas devem segui-los e ficarem sempre do lado esquerdo. Com uma das mãos, seguram a patena e a outra deve ser colocada no peito, junto ao coração. A patena deve estar sempre debaixo da hóstia, na posição horizontal. Após a distribuição da comunhão, devem levar as patenas para purificar. Depois dos ritos finais, prepararem-se para a procissão de saída, cada um em seu devido lugar e com os objetos que lhes correspondem levar. Todos se dirigem para a sacristia. Quando o presidente da celebração entrar, no final da procissão, todos farão reverência. Ele dirá "bendigamos ao Senhor" e todos responderão "damos graças a Deus". Em seguida, o coroinha auxiliará o presidente da celebração a desparamentar-se, guardará os paramentos ou o ajudará a guardá-los nos devidos lugares e auxiliará a equipe de celebração a recolher e guardar os objetos litúrgicos. Vale lembrar que o coroinha é sempre o último a tirar as vestes litúrgicas e o primeiro a colocá-las e que essas funções aqui apontadas podem ser também desenvolvidas por um acólito ou diácono.

As vestes litúrgicas dos coroinhas, em geral, seguem os seguintes padrões: batina de cor vermelha, branca ou bordô, com sobrepeliz branca. Esse modelo e essas cores são os mais usuais. Ou então uma túnica branca, mais simplificada. As coloridas podem ser usadas nas celebrações mais solenes, enquanto que as túnicas brancas podem ser usadas no cotidiano, nas celebrações mais comuns. Elas podem ser confeccionadas ou compradas prontas nas lojas de paramentos litúrgicos. É importante que o coroinha zele pelas vestes, mantendo-as limpas. Evite usá-las amassadas, com rasgos ou com marcas de sujeiras aparentes. O ideal é que se tenha um armário na sacristia, ou outro lugar, para guardá-las, porém nada impede que o coroinha as leve para casa para que sejam mantidas mais asseadas. Nesse caso, não devem se esquecer de levá-las quando forem atuar na celebração.

Outra função do coroinha é contribuir para que o povo reze, celebre bem, encontre, na liturgia e em seus rituais, a força do sagrado, que abastece sua vida. Para isso ele precisa ser uma pessoa de oração, que tenha verdadeira piedade e verdadeiro zelo pelas coisas sagradas. Esse zelo irá transparecer no cuidado que tiver com os objetos sagrados; com as vestes que usa; com os paramentos e as alfaias da igreja; com a postura durante a celebração e também antes e depois dela; com o respeito pelas orientações recebidas e normas da liturgia. Cada gesto do coroinha durante a celebração deve ser de fé e de amor pelas coisas de Deus.

    A igreja tem vários momentos de procissão, que vão desde a procissão de entrada para a missa, de término da missa, até as procissões diversas nas ruas, como, por exemplo, Semana Santa, festas do padroeiro, Cerimônia de *Corpus Christi*, entre outras. Em todos esses momentos, a atuação do coroinha é muito importante, e ele deve saber onde e como se posicionar para auxiliar melhor.

    Na procissão de entrada e saída da missa, os coroinhas devem se vestir com antecedência, colaborar naquilo que for necessário e se colocarem a postos para a procissão de entrada. Formar a procissão em silêncio e aguardar o início da celebração. Enquanto se executar o canto de entrada, fazer a procissão, a partir da sacristia, ou do fundo da igreja, até o presbitério. À frente vai o turiferário com o turíbulo aceso (caso houver). Em seguida, outro coroinha com a cruz (o cruciferário), tendo a imagem do crucificado voltada para frente; que seja, de preferência, uma cruz com haste grande, que será colocada à esquerda do altar. A cruz deve seguir no meio de dois acólitos, com castiçais de velas acesas (os ceroferários). No lugar dos acólitos, podem ser também dois coroinhas para levarem as velas. Se o coroinha for desempenhar a função de mitrífero (aquele que cuida da mitra do bispo durante a celebração), na procissão de entrada e de saída, deverá ir atrás do Bispo. A mesma orientação serve para os coroinhas que desempenharão durante a celebração a função de baculífero (aquele que cuida do báculo do Bispo). Este, durante a procissão de entrada e saída, também deverá seguir atrás do bispo. Nas demais procissões, os coroinhas também ocupam os lugares de acordo com suas funções. Se for turiferário ou cruciferário, devem ir à frente. Não tendo uma função específica, devem seguir ao lado do andor, ou dos sacerdotes, sempre sendo os primeiros da procissão. É bom evitar caminhar disperso no meio do povo, transitando de um local para outro, em uma demonstração de pouca concentração e devoção. É preciso seguir sempre as orientações da equipe de celebração e do presidente na hora de seguir uma procissão, seja ela qual for.

Durante a celebração, é importante que o coroinha mantenha uma postura de respeito e concentração. Desse modo, ele deve evitar conversas e brincadeiras. Se tiver de falar, falar apenas o necessário. Evitar se dirigir ao sacerdote ou à outra pessoa, sem necessidade. Não acenar para as pessoas da assembleia, nem na hora do abraço da paz. Concentrar-se na missa, em todos os seus momentos, inclusive durante a homilia, quando muitos costumam se dispersar. Acompanhar todas as orações ou respostas, os cantos com alegria e entusiasmo, porém sem exageros nos gestos. O coroinha deverá estar atento quanto à postura, para não chamar a atenção: quando estiver sentado, por exemplo, não cruzar as pernas; quando estiver em pé, não cruzar os braços, ou ficar movimentando o corpo de um lado a outro; não mascar chicletes durante a missa, ou no exercício de suas funções; não colocar o dedo no nariz durante a celebração; não usar boné durante a missa e evitar cortes de cabelo que chamem muito a atenção; ficar sempre atento para perceber quando seus serviços são solicitados; não sair do presbitério sem necessidade; quando se dirigir à celebração com algum objeto nas mãos, como, por exemplo, a cruz, o livro ou outro objeto, não fazer a genuflexão ao se aproximar do altar, fazer apenas uma reverência, com uma leve inclinação da cabeça, como fazem os demais membros da equipe.

Os coroinhas têm seu padroeiro ou padroeiros. O mais conhecido é São Tarcício, um jovem que foi martirizado nos primeiros séculos da era cristã. Ele viveu em Roma por volta do ano 258, mas essa não é uma data exata. Há controvérsias quanto à exatidão do período em que ele viveu. O pouco que sabemos sobre ele é que, como coroinha, nas missas realizadas nas catacumbas (porque na época era proibido ser cristão), foi incumbido de levar a eucaristia aos prisioneiros condenados à morte. Ele a levava nas mãos, apoiando-a no peito. Certa vez, durante o percurso, foi agredido por curiosos interessados no que ele carregava com tanto zelo. Ele, porém, não quis entregar a

Eucaristia que levava, por isso foi apedrejado, preferindo morrer a entregá-la aos curiosos. Dizem que, na época do ocorrido, ele tinha 12 anos. Sua festa é celebrada no dia 15 de agosto, data em que os coroinhas devem lhe prestar uma homenagem especial. Além de São Tarcício, Santa Maria Goretti também é considerada padroeira dos coroinhas, ou melhor, das meninas coroinhas. Ela também foi martirizada e, embora não tenha nada relacionado diretamente com a Eucaristia, morreu por fidelidade a Deus. Há quem também atribua a São Domingos Sávio (também padroeiro dos adolescentes) o título de padroeiro dos coroinhas.

Outro assunto que é importante que os coroinhas saibam é sobre sua investidura ou instituição. Depois de um tempo de preparação, a paróquia deve promover uma celebração de investidura, ou instituição, dos coroinhas antes de eles começarem a atuar. É também uma oportunidade para a comunidade os conhecer. Por essa razão, mesmo que a diocese faça a celebração de investidura, ou instituição dos coroinhas, é importante que a paróquia tenha também esse momento, mesmo que seja apenas simbólico. Para a investidura há um rito apropriado que deve ser seguido conforme a orientação dos ritos dessa natureza. Na hora de prepará-la, deve seguir as instruções do rito de instituição de acólitos oferecida pelo Cerimonial dos Bispos (p. 207), adaptando-o para os coroinhas.

Os coroinhas são importantes para a Igreja e comunidade paroquial. O papa João Paulo II, em uma de suas cartas enviadas aos sacerdotes por ocasião da Quinta-feira Santa, destacou a importância dos coroinhas nas paróquias, pedindo que os padres cuidem desse serviço porque ele constitui "viveiro de vocações sacerdotais". Assim diz um trecho da carta: "Cuidai especialmente dos coroinhas, que são como um 'viveiro' de vocações sacerdotais". O papa Bento XVI fez uma intervenção aos coroinhas e acólitos, em sua audiência de quarta-feira, dia 4 de agosto de 2010, com as seguintes palavras: "não entrem na igreja para uma celebração com superficialidade, mas preparem-se interiormente para a Santa Missa! [...]. Sirvam com generosidade a Jesus presente na Eucaristia. É uma tarefa importante, que lhes permite estar particularmente próximos do Senhor e crescer na amizade verdadeira e profunda com Ele. Guardem com zelo esta amizade em seus corações, como São Tarcísio, pronto a se empenhar, lutar e dar a vida para que Jesus chegasse a todos os homens. Anunciem também a seus amigos o dom desta amizade, com alegria, entusiasmo, sem medo, a fim de que eles possam sentir que vocês conhecem este mistério, que ele é verdadeiro e amado! Toda vez que vocês se aproximam do altar, têm a sorte de auxiliar o grande gesto de amor de Deus, que continua a querer se doar a cada um de nós, a estar perto de nós, a nos ajudar, a nos dar forças para vivermos bem".

6

SACRISTÃOS

A palavra sacristão, relacionada à sacristia, deriva do latim *sacristanus*, que significa alguém que guarda objetos sagrados. Assim sendo, percebemos por seu significado qual é a função do sacristão: guardar os objetos sagrados de uma paróquia, cuidar deles e, principalmente, dos que ficam na sacristia. Há também outras funções fora da sacristia que são de responsabilidades do sacristão. Destaco que o sacristão poderá desenvolver suas funções, em sintonia com outros membros de equipes e serviços da paróquia, principalmente com os coroinhas e a equipe de liturgia, e que poderá ser um funcionário da paróquia, com registro de sua função na carteira de trabalho, porque, perante a legislação trabalhista, sacristão é uma categoria de profissão.

Assim afirma a lei: "Não é empregado doméstico o sacristão de paróquia que presta serviço no âmbito residencial do vigário, mas executa trabalho relacionado com o exercício do culto religioso, cuidando da limpeza do templo e auxiliando nas cerimônias, sem haver prestado voto de pobreza, achando-se, assim, amparado pelas leis Trabalhistas, embora deva ser considerado de confiança seu cargo, sendo demissível a qualquer tempo, mediante indenização simples".[25] O sacristão, desde que não esteja ligado a ordens, confrarias e irmandades por votos religiosos, é empregado, sujeito, pois, às leis sociais e trabalhistas.

---
[25] Cf. TRT – 3ª Região. 16/67. Rel. Juiz Cândido Gomes de Freitas, Ac. 19.5.67 – Revista Ltr 32/63.

Entre suas funções, estão o cuidado com a igreja, como, por exemplo, mantê-la limpa e bem cuidada, sobretudo a sacristia e o presbitério. As demais partes da igreja poderão ser mantidas pelo sacristão, ou por outro funcionário, caso o sacristão seja voluntário e não funcionário. Se ele for voluntário, precisará assinar um contrato ou um termo de adesão de voluntário. Há paróquias em que o sacristão desempenha um trabalho voluntário e outras em que ele é funcionário. Quando o sacristão é um funcionário, sua função é mais ampla: limpar toda a igreja; manter e operar sistemas de som; fazer manutenção da iluminação, ventilação ou refrigeração ou de qualquer outro aparelho utilizado na igreja, como, por exemplo, tubulações de gás, água e esgoto, alarmes, extintores etc; cuidar do jardim, da manutenção predial e de toda a sua estrutura, detectando necessidades e solicitando reparos; cuidar das alfaias, dos vasos sagrados, do abastecimento de hóstia e vinho etc.

O cerimonial dos Bispos (n. 37) lembra que o sacristão, com o mestre de cerimônia, prepara as celebrações. Ele deve dispor cuidadosamente dos livros destinados à proclamação da Palavra e à recitação das orações; deve também cuidar dos paramentos e das demais coisas necessárias para a celebração e também do toque do sino, convidando todos para a celebração; deixar disponível todo o material que será usado na celebração; não havendo quem faça, deve preparar todos os materiais, como, por exemplo, os livros sagrados, o vinho e as hóstias e acender as velas do altar; abrir a igreja; ligar os ventiladores, ou aparelhos de ar condicionados; verificar se há luzes suficientes; cuidar da bateria dos microfones e do som, entre outras funções. Porém o sacristão não atua dentro da celebração como os demais membros de equipe de celebração.

Mesmo nos bastidores, ele precisa manter certa conduta. Nesse sentido, deve observar o silêncio e a modéstia dentro da sacristia e do vestiário, recomenda o cerimonial dos Bispos (n. 37); durante a celebração, evitar transitar dentro da igreja sem necessidade; se tiver de dar algum recado para alguém da equipe de celebração, durante a missa, deverá fazê-lo com muita discrição; zelar para que não haja nenhum tipo de interferência externa durante a celebração, como, por exemplo, a de pessoas alcoolizadas, ou com algum problema mental, que adentram a igreja e se dirigem ao presbitério para falar com o presidente da celebração. Quando isso acontecer, com bons modos, porém, com firmeza, deve-se convencer a pessoa a procurar o padre em outro momento, ou responder a suas necessidades sem constrangê-la ou constranger a assembleia.

Todo sacristão, seja ele voluntário ou funcionário, deve se vestir adequadamente para cada momento. Durante a semana, em seus trabalhos externos, precisará estar de uniforme ou com roupa adequada para as funções mais pesadas, como as de limpeza e manutenção de áreas externas e mesmo internas. Ao atuar durante a missa, deverá trajar roupas condizentes com o momento.

O sacristão deve cuidar das alfaias da igreja, dos objetos litúrgicos e de todos os materiais utilizados na paróquia, principalmente os que são usados no interior da igreja e no presbitério. Cuidar significa mantê-los limpos, acondicionados em locais de fácil acesso e devidamente organizados. O Cerimonial dos Bispos orienta: "não descuide das alfaias que se conservam na tradição local, antes as guarde nas melhores condições. Aquilo que for introduzido de novo, escolha-se de acordo com a arte contemporânea, posto a parte, contudo, o prurido de mera novidade" (n. 37). Ou seja, o sacristão ajudará até na escolha das alfaias. Quanto aos cuidados com os objetos litúrgicos, ele agirá em sintonia com os acólitos e MESCEs, pois esses também podem e devem cuidar desses objetos.

A ornamentação da igreja também é uma função do sacristão. Recorda também o Cerimonial dos Bispos o cuidado com a ornamentação, orientando que a limpeza do espaço é parte integrante dela. Assim diz o documento: "apurada limpeza do pavimento, das paredes e de todas as figuras e todos os objetos que se expõem à vista. Evite-se tanto a suntuosidade como a mesquinhez na ornamentação; mas observem-se as regras de uma nobre simplicidade, urbanidade, beleza de arte" (n. 38). Diz ainda: "Seja tal a ornamentação da igreja, que nela se veja o sinal do amor e reverência para com Deus" (idem). Na maioria das paróquias, a ornamentação fica por conta de equipes, como a da liturgia ou de celebração. Nesse caso, é bom o sacristão estar junto para auxiliar, pois, na ausência de quem ornamente, ele poderá também prestar esse serviço.

O sacristão, como quaisquer outros membros de equipes de celebração, ou que servem o altar, precisa de ética profissional. Todos os que de alguma forma ajudam na comunidade paroquial devem primar pela ética no comportamento, seja ele um profissional ou um voluntário. Com o sacristão não é diferente. Ele deve ser uma pessoa que saiba guardar silêncio das coisas que vê e ouve no exercício de sua função, não levando adiante fofocas ou situações que não sejam relevantes; primar pelo profissionalismo, participando o pároco apenas daquilo que seja de seu interesse e do interesse da paróquia; não comentar com outros as coisas e situações de seu dia a dia de trabalho. Seja o sacristão uma pessoa íntegra, discreta, honesta e eficiente.

A função de sacristão é algo de confiança. A ele são confiadas muitas responsabilidades, inclusive a de ter acesso a espaços e coisas da igreja. Além disso, ele conhece a vida interna da paróquia e muito da vida e das ações do padre e de outros agentes de pastoral. Por essa razão, é uma pessoa que deve inspirar confiança e ser discreta. Por ser alguém de confiança, deve primar pelo bom relacionamento com todos, evitando discussões, desavenças ou desentendimentos por banalidades, seja com o padre, com os demais funcionários da paróquia, com os agentes de pastoral ou com os fiéis leigos que frequentam as missas. Deve ser uma pessoa acolhedora, educada, que trate bem a todos. Todos sabem que trabalhar na igreja não é algo fácil. É um espaço onde muitos se acham no direito de dar ordens, de cobrar; e com essas situações nem sempre são fáceis de lidar. Por essa razão, o sacristão deve ser alguém que saiba lidar com isso, tratando todos bem.

São duas qualidades que devem caminhar juntas nas ações do sacristão: astúcia, no sentido de esperteza, e bondade. Há quem pense que quem desenvolve alguma função na igreja seja uma pessoa boba, sem perspicácia. O sacristão deve estar atento a tudo, cuidar de tudo, mas não se deixar enganar por aqueles que gostam de ludibriar pessoas de boa-fé. Ser bom não é sinônimo de ser bobo. Assim sendo, fique atento aos cofres do interior da igreja e aos objetos sagrados de valor. Sempre há os que gostam de se aproximar dos cofres não para depositarem contribuições, mas para retirarem as contribuições que ali estão. Essas ocorrências não são exclusividades das igrejas dos grandes centros urbanos. Acontecem também no interior, em lugares pacatos. Sigam a orientação bíblica: "sejam prudentes como as serpentes e simples como as pombas" (Mt 10,16). Agindo assim, o sacristão poderá zelar com mais eficácia pelos bens da igreja. Seja também uma pessoa boa. Haja com caridade pastoral e bondade.

Todo sacristão deve procurar formar e se informar sobre sua função. Esses dois elementos qualificam o profissional, que poderá servir melhor, com mais qualidade, desempenhado bem sua função e respondendo às necessidades da paróquia. Formação consiste em participar de cursos e treinamento nessa área. Ele precisa conhecer um pouco de liturgia, saber os nomes dos objetos litúrgicos e para que serve cada um deles. Deve saber operar os instrumentos, como, por exemplo, o sistema de som, o sistema elétrico e hidráulico, entre outros. Deve estar informado da agenda pastoral da paróquia, das celebrações (missas, casamentos, batizados, celebrações de primeira eucaristia, crisma, entre outras). Para isso ele precisa ter uma cópia do plano pastoral da paróquia e da agenda paroquial. Um sacristão inteirado com a realidade da paróquia, seja no âmbito profissional, como pastoral e litúrgico, cumprirá melhor sua função.

Porém não basta ser um bom profissional para ser um bom sacristão, ou sacristã, precisa ter também espiritualidade. Se assim não for, o sacristão, que precisa ser mais que um funcionário, que precisa ser um colaborador no sentido estrito do termo, tornar-se-á um empregado qualquer. A diferença entre um sacristão e um funcionário de uma empresa de outro setor está no quesito espiritualidade. É importante que o sacristão seja católico praticante, que viva sua fé, que acredite naquilo que faz e veja como sagrado tanto o espaço quanto os objetos com que ele lida em seu dia a dia, principalmente os objetos litúrgicos, que são guardados no armário da sacristia ou em outra sala apropriada. O sacristão deve também levar uma vida de oração, tanto na comunidade quanto em casa, com a família. Deve ter momentos de oração individual. Quando não está exercendo sua função, deve participar da missa, de retiros e de outras atividades religiosas. Outro procedimento importante na pessoa de quem exerce a função de sacristão é o acolhimento. Já foi acenado anteriormente para esse dado na prática do sacristão, mas vale a pena reforçá-lo. O bom acolhimento é algo importante em sua vida profissional. Sendo dele a tarefa de abrir a igreja, é ele quem, muitas vezes, tem o primeiro contato com o fiel que vai para rezar ou buscar alguma informação. Durante o dia, quando a igreja está vazia e sem celebração, é a ele que muitas pessoas se dirigem para pedir informações. Quando o sacristão acolhe bem a todos, ajuda a Igreja em sua missão de acolher. Por essa razão, é importante que o sacristão esteja informado e formado espiritualmente, como vimos anteriormente. Ele poderá orientar uma pessoa quando ela lhe pedir informações e respeitá-la em sua prática devocional. Se não puder, trate-a ao menos com educação e peça que se dirija ao expediente paroquial, informando-lhe o local e a hora de atendimento do expediente.

7

EQUIPES DE CANTO LITÚRGICO

As equipes de canto litúrgico que atuam nas celebrações, embora fiquem distantes do altar, ajudam indiretamente a servi-lo com os cantos que fazem parte da celebração. Por essa razão, eu as coloco com os que desempenham serviços de altar. Elas podem ter nomes distintos, dependendo da paróquia e da orientação da diocese, como, por exemplo, coral, ministério, grupo de canto, cantores, músicos, ou simplesmente equipes de canto litúrgico, a nomenclatura mais indicada, embora a Instrução Geral do Missal Romano as chame de "grupo dos cantores" (n. 274). Aqui vou chamar de equipes de canto. Independentemente de seu nome, essas equipes fazem parte da equipe de liturgia da missa e devem agir em sintonia com o conjunto da celebração, seguindo as normas litúrgicas da Igreja. Assim sendo, o documento, Cerimonial dos Bispos, dedica três de seus números (n. 39, 40 e 41) a essas que são responsáveis pelo canto litúrgico. Tratarei de retomá-los (e outros documentos da Igreja que versam sobre do assunto) para reforçar a importância dessas equipes e esclarecer algumas dúvidas que muitos costumam ter na hora de exercer essa função dentro da missa.

O primeiro tema que quero tratar em relação às equipes de canto litúrgico é a sintonia com as orientações da Igreja que essas equipes devem ter. Sintonia com a liturgia, por isso que são também chamadas de equipes de canto litúrgico. Essa equipe não está cantando em qualquer lugar e/ou qualquer coisa. Está cantando na igreja, espaço sagrado, para a Igreja e a liturgia da Igreja. Assim sendo, a primeira orientação, comum em qualquer um dos livros litúrgicos e em outros documentos publicados pela Sé Apostólica que tratam das equipes de canto litúrgico, é ter sintonia com as orientações da Igreja e observar as normas prescritas para essas funções na liturgia. Desse modo, os responsáveis, isto é, os coordenadores, devem conhecer a liturgia da Igreja e saber quais são os cantos apropriados para cada tempo litúrgico e para cada momento da Missa. Isso não quer dizer que os demais membros não precisem saber de liturgia ou canto litúrgico, mas a responsabilidade, primeiramente, recai naquela pessoa que coordena.

Há uma expressão bastante usada, e com razão, que é "cantar a missa e não na missa". Essa é uma expressão já conhecida, porém deve ser reforçada porque equívocos desse tipo costumam ocorrer com algumas equipes de canto litúrgico. São aqueles que esquecem que estão na Missa e gostam de "fazer seu show", como se estivessem cantando em uma casa de espetáculo. A missa não é um espetáculo, e a igreja não é casa de show! Se você gosta de fazer shows, procure um lugar adequado, mas não a igreja. O que precisa aparecer é o canto, a parte da liturgia que os cantos compõem, e não a pessoa que canta. Vemos isso, por exemplo, quando equipes de canto trazem tantos instrumentos para a missa como se fosse fazer um show e não cantar a missa. Muitos desses instrumentos acabam por encobrir a voz de quem canta, sendo apenas ruído, poluição sonora e não liturgia. Canto e liturgia devem ser harmônicos. Deve haver harmonia na liturgia como há harmonia no canto.

Ao escolher os cantos, de acordo com cada tempo e momento da celebração, a equipe de canto litúrgico dá seu primeiro e fundamental passo para estar em sintonia, ou em harmonia, com o conjunto da celebração, para cantar a missa e não apenas na missa. Cantar "na missa" é sinônimo de espetáculo, show, apresentação teatral, algo desconecto da realidade celebrada, o que não corresponde com a função do canto litúrgico. "Cantar a missa" é estar integrado no mistério celebrado, não havendo dicotomias entre o canto e o restante do rito da celebração. Isso vale para todos os membros da equipe de canto litúrgico e para os salmistas.

Uma dica importante para essas equipes é cantar de modo que a assembleia participe. Se você faz parte de uma equipe de canto litúrgico e percebe que a assembleia não está cantando com a equipe, isso pode ser um indício de que sua equipe não está cantando a Missa. Não basta que a equipe cante bem ou tenha afinação, é preciso que ela esteja também afinada com a assembleia, afinal todos precisam participar dos cantos, que não são adornos da celebração, são parte da celebração. Por essa razão, uma das preocupações das equipes de canto deve ser com a participação da assembleia nos cantos. O Cerimonial dos Bispos recorda que os músicos devem ter diante dos olhos as normas relativas à participação do povo no canto. Assim sendo, se os cantos não forem conhecidos, procure ensaiá-los com a assembleia, o que poderá ser feito uns dez ou quinze minutos antes da celebração, ou não mudar de canto a cada missa, exceto se mudar o tempo litúrgico ou a temática da celebração. Além disso, procure entonação, melodia ou notas que favoreçam a participação dos fiéis presentes na missa. Há equipes que colocam melodias tão difíceis e notas tão altas que somente profissionais e pessoas ensaiadas conseguem acompanhar. Alguns fazem isso de propósito para que a assembleia não cante junto e só eles comandem o "espetáculo". Já ouvi membros de equipes de canto litúrgico dizerem que a assembleia "atrapalha". Se a assembleia atrapalha, devem ir cantar em outro lugar, porque o canto litúrgico é, sobretudo, para a assembleia. Se ela for excluída de participar, há algo de errado com essa equipe.

É necessário que as equipes de canto litúrgico conheçam de liturgia. Por exemplo, mostram que conhecem de liturgia equipes que não mudam a letra das partes fixas da missa. Essa recomendação vale, por exemplo, para o Ato Penitencial, para o Hino de Louvor, o Santo, o Cordeiro de Deus, as respostas da Oração Eucarística, Salmo responsorial e outras partes e doxologias. O Salmo responsorial, ou de resposta, deve ser igual ao que está no Lecionário. Não se podem cantar suas versões, tampouco mudar sua letra para facilitar o canto.

Outra recomendação importante é não colocar melodias de cantos profanos, ou do cancioneiro popular, nas músicas sacras ou nos

Salmos. Esse é um grave erro litúrgico que comumente acontece. Quando isso ocorre, o canto deixa de ser litúrgico, embora a letra tenha a ver com o que se está celebrando. Isso pode ocorrer quando se adapta cantos para missas categorizadas, como, por exemplo, "missa sertaneja", "missa criola", "missa dos quilombos", "missa indígena", "missa carismática" ou "missa de cura e libertação", "missa jovem", ou qualquer outra classificação que, por si só, já está errada. A missa é missa e ponto final. Classificá-la de acordo com a circunstância, ou enquadrá-la em categorias, significa empobrecê-la naquilo que ela tem de essencial: o mistério celebrado. A missa é sagrada e está acima de qualquer classificação imanente. Ele precisa ser transcendente porque é o mistério de nossa fé, que ultrapassa qualquer categoria social. Quando adaptações precisam ser feitas no rito da Missa, como ocorreu no Concílio Vaticano II, ocasião em que a missa passou a ser celebrada em língua vernácula, a própria Igreja toma as iniciativas e prepara as normas litúrgicas a serem seguidas, tendo o devido cuidado de não mudar o essencial nem de banalizar esse "tão sublime sacramento", como afirmou Santo Tomás de Aquino. Assim sendo, deve-se evitar colocar melodias de cantos populares em cantos litúrgicos e celebrar missa categorizada, como as citadas antes, ou que não seja aprovada pela Igreja. Se a composição do canto para a missa for de membros da própria comunidade, que o canto seja submetido a uma equipe de liturgistas da diocese e ao bispo, antes de ser cantado nas missas. Os cantos precisam se enquadrar nas normas litúrgicas. Há muitos cantos de igrejas evangélicas sendo cantados nas missas sem a preocupação de saber se são litúrgicos. O mesmo vale para os Salmos. Há muitos salmos sendo cantados nas missas com melodia gospel, que não fazem parte do hinário ou do saltério católico. É preciso tomar cuidado na hora de escolher uma melodia para o Salmo, sobretudo se ouvir essa melodia na internet.

Em relação ao uso dos instrumentos, pede-se bom senso. Tudo pode, mas nem tudo convém. Há instrumentos que são mais adequados para acompanhar cantos litúrgicos que outros, como, por exemplo, órgão, piano e violão, cujos sons são mais adequados para uma celebração litúrgica do que instrumentos de sons metálicos, próprios para shows e não para missas. Porém pode-se adaptar esses outros para a missa. Há problema quando o instrumento encobre a voz, quando faz ruídos, que não levam à oração. Há outros também recomendados, porém não muito populares, como os violinos, violoncelos e as harpas. Enfim, qualquer instrumento deve-se usar com cautela e bom senso, sempre tendo em conta sua função na liturgia ou no canto litúrgico. Bateria, baixo, guitarra elétrica e alguns outros instrumentos de percussão, se utilizados na missa, é preciso usar com moderação. É bom recordar que bateria fica melhor em uma escola de samba do que na missa, portanto evite o uso desse instrumento, mesmo que ela seja campal. Instrumentos musicais, quando usados de modo inadequado em uma celebração, mesmo que seja um violão, podem fazer a missa parecer um show de rock, agredindo ouvidos mais sensíveis e diminuindo o aspecto orante da celebração. Assim, antes de utilizar um instrumento musical, verifique se ele ajudará a assembleia a rezar ou se a levará à dispersão. O Cerimonial dos Bispos (n. 41) assim recomenda: "Desde o fim do hino *Glória a Deus nas alturas* na Ceia do Senhor (Quinta-feira Santa) até o mesmo hino da Vigília Pascal, o órgão e os outros instrumentos musicais só se podem utilizar para sustentar o canto". A mesma recomendação serve para a Quaresma e o Advento, quando a liturgia pede o uso de poucos instrumentos na missa. Fora desses tempos também vale o bom senso.

Usar corretamente o microfone não é um pedido feito apenas aos leitores e comentaristas, mas também aos cantores. Qualquer pessoa que faz uso do microfone durante a missa deverá usá-lo de maneira correta. Ele é um instrumento para melhorar a comunicação entre o emissor e o receptor. Se for usado de maneira incorreta, não cumprirá seu papel, que é melhorar a comunicação. Quem canta se comunica com a assembleia, e, por essa razão, os microfones devem ser devidamente ajustados e regulados. Usá-lo corretamente significa calcular a distância entre o microfone e a boca de quem canta, de acordo com seu timbre de voz. Assim sendo, não cante com o microfone muito perto nem muito longe. Evite mexer na regulagem de som na hora da missa. Esses ajustes devem ser feitos antes da celebração e por pessoas que entendam de regulagem de som, como, por exemplo, os técnicos de som e os responsáveis pelo aparelho de multimídia da igreja, se houver essa função em sua paróquia.

Não se pode ir para cantar a missa sem ter antes ensaiado os cantos. Por essa razão, os ensaios prévios das equipes de canto litúrgico é um procedimento fundamental. Isso parece óbvio, mas pode ocorrer de a equipe, por falta de tempo, ou acomodação, improvisar os cantos. Improviso é um desrespeito com as pessoas e com a liturgia. Portanto, para o bom desempenho na hora da celebração, é preciso que a equipe de canto tenha feito os devidos ensaios antes. Nada na liturgia deve ser improvisado, e com os cantos não é diferente. Assim sendo, é necessário marcar horários para ensaiar os cantos durante a semana, ou em outro dia. No dia da celebração, a equipe deverá chegar bem antes e preparar os instrumentos, a voz e repassar os cantos com a assembleia uns dez ou quinze minutos antes de a missa começar. Vale lembrar que esses momentos preliminares não correspondem a ensaio, mas apenas para a assembleia conhecer os cantos e cantar com a equipe durante a missa. Para isso a equipe de canto já deve estar bem afinada e entrosada para contribuir com a celebração por meio do canto. Caso a assembleia já conheça as canções, dispensa-se esse procedimento de repassar antes, deixando a igreja em silêncio e em clima de oração, ou então com um leve toque de instrumento com o objetivo de favorecer a oração.

Outro procedimento que se pede aos membros das equipes de canto litúrgico é discernimento na hora de cantar as partes da missa. Além dos cantos convencionais –canto de entrada, de ofertório, comunhão e canto final –, há outras partes que podem ser cantadas, como, por exemplo, o Ato Penitencial, o Hino de Louvor (quando houver), a Aclamação ao Evangelho, o Santo, o Cordeiro e as respostas da oração eucarística. Dependendo da solenidade da missa, fica bem se forem cantadas as respostas da oração eucarística, como também o amém após as doxologias. Porém cabe o discernimento e o bom senso da equipe de canto e de liturgia, que devem levar em consideração o tempo litúrgico e a solenidade da celebração. Respostas da oração eucarística, por exemplo, fica bem se cantadas nas missas solenes. Cantá-las em todas as missas faz com que se perca o brilho. Isso é apenas uma recomendação para ajudar as equipes de canto a não tornarem trivial o que pode ser excepcional. O mesmo vale para o canto do abraço da paz, do Pai-Nosso e de outras particularidades.

Outra recomendação, que considero importante que as equipes de canto litúrgico saibam, é saber, durante a missa, o momento certo de iniciar e de interromper o canto. É preciso, portanto, atenção e sintonia do coordenador da equipe de canto com o conjunto da celebração.

- O canto inicial é a senha para a entrada da equipe de celebração e deve iniciar-se após conclusão da acolhida do comentarista (se houver).
- O ato penitencial, quando cantado, deve iniciar após um breve momento de silêncio. É importante combinar isso com o presidente da celebração para não haver atropelos.
- O hino de louvor (quando houver) deve ser preferencialmente cantado, sempre mantendo a fidelidade à letra, sem alterações, ou com alterações aprovadas pela liturgia da CNBB. Se for para cantá-lo de qualquer jeito, é melhor que seja rezado.
- Quando houver a entrada do livro sagrado (Bíblia ou lecionário), cantar enquanto o livro estiver sendo levado ao altar. Assim que for colocado na mesa da Palavra, interromper o canto para que se dê início às leituras ou às preliminares desta;
- O Salmo, quando cantado, deve manter a fidelidade à letra que se encontra no Lecionário. Não se é permitido substituí-lo por versões ou por outro canto de meditação. Além disso, procurar seguir as melodias indicadas no hinário litúrgico da CNBB. O Salmo deve ser cantado (salmodiado ou lido) da mesa da Palavra e nunca de outro local. Antes e depois de salmodiá-lo, fazer

as devidas reverências, ou vênia, diante do altar e da mesa da Palavra.

- A aclamação ao Evangelho seja preferencialmente cantada e mantida a fidelidade às fórmulas que são indicadas no Lecionário. Evitar cantos longos e que não tenham a ver com o que diz o Evangelho. Todo canto de aclamação deve ter um estreito vínculo com o conteúdo a ser proclamado.
- O canto de ofertório deve iniciar tão logo o presidente concluir as preces e deve durar enquanto se preparar o altar. Assim que o presidente terminar suas funções, mesmo se a comunidade ainda estiver fazendo suas ofertas, deve-se interromper o canto de ofertório. Para isso é preciso que a equipe esteja atenta à mesa eucarística.
- O santo, quando cantado, não deve ser anunciado pelo presidente da celebração e nunca pela equipe de canto. Esta deve começar assim que o presidente da celebração disser a fórmula do prefácio.
- Evite repetir as respostas da Oração Eucarística, quando estas forem cantadas; fica bem cantar a resposta do "Eis o mistério da fé", somente quando esta apresentação for cantada pelo presidente da celebração.
- Recomenda-se que o amém da doxologia "Por Cristo, com Cristo..." seja sempre cantado, mesmo que o presidente da celebração a tenha rezado.
- Evite cantar a oração do Pai-Nosso, mas, se por algum motivo, em alguma ocasião especial esta for cantada, que não seja mudada nenhuma vírgula da oração.
- Evite também cantar no momento do abraço da paz. O canto quebra o clima oracional e de compenetração que pede o momento seguinte: a apresentação do Cordeiro de Deus. Caso tenha algum canto nessa hora, que seja breve e termine assim que o presidente da celebração terminar de cumprimentar os que

estão a sua volta. Evite incentivar que haja palmas durante o canto do abraço da paz e em outro momento da missa, porque o rito da missa não comporta palmas. Isso significa que as pessoas não estão mais desejando a paz para quem está a seu lado e, sim, apenas cantando.

- O cordeiro deve ser prioritariamente cantado, sempre mantendo a fidelidade à letra do missal.
- O canto da comunhão deve iniciar quando os fiéis começarem a comungar e ser interrompido assim que a última pessoa comungar.
- É preciso primar pelo silêncio pós-comunhão e evitar os chamados "cantos de ação de graças" porque toda a missa é uma ação de graças. Porém nada impede que haja um canto de meditação, após um breve momento de silêncio. Se houver algum canto, ou solo de instrumentos após a comunhão, que seja breve.
- O canto final deve ser sempre após a bênção final, mesmo que a assembleia comece a se dispersar. Sua finalidade é completar os ritos de envio. Portanto não é errado as pessoas saírem enquanto a equipe entoar o canto final. Não é correto cantar o canto final antes da bênção apenas para deter as pessoas dentro da igreja.

Recomenda-se também não intercalar cantos com comentários ou alguma fala. E evitar, durante os cantos litúrgicos da missa, interrompê-los com algum tipo de fala ou incentivo para que a assembleia cante. Lembre-se: você não está em um espetáculo ou show. Falar durante os cantos interrompe a harmonia da celebração e o sentido orante que eles devem conferir. Vejamos alguns exemplos que devem ser evitados durante a missa: anunciar o número do canto a ser cantado; repetir frases ou palavras do canto, como se faz em show gospel; fazer declamações intercaladas ao canto; incentivar a assembleia a bater palmas; usar interjeições do tipo, "aleluia", "Jesus", quando estas são fazem parte do canto, entre outros procedimentos inadequados. Deixe essas expressões verbais para outros momentos fora da missa. Durante a missa, a equipe deve ater-se à letra do canto.

É importante também não cantar ou tocar instrumentos na hora da consagração. Há quem goste de nessa hora fazer um solo de violão, ou de qualquer outro instrumento, ou então de cantar algum refrão. A liturgia recomenda silêncio absoluto. Ele é sublime e nada deve interrompê-lo. Guarde sua manifestação para outro momento. Na hora da consagração, deveria haver na igreja um grande silêncio, interrompido apenas pela expressão: "Eis o mistério da fé", proferida pelo presidente da celebração. Portanto, no momento da consagração, silencie os instrumentos, a voz e o coração e dirija seu olhar para a mesa eucarística, em uma postura orante e compenetrada. Nada é mais importante do que a presença de Cristo na Eucaristia.

Evite também cantos no silêncio pós-comunhão, como já foi sugerido. Sempre, após a comunhão, é recomendado um momento de silêncio. O mesmo silêncio da consagração deveria ser repetido após a assembleia ter comungado. Há, porém, quem se incomode com o silêncio e procure preencher aquele suposto vazio com alguma coisa, como um dedilhar de instrumento, ou canto, ou, pior ainda, com algum aviso. O silêncio nesse momento é sagrado, e a equipe de canto deveria se posicionar de um modo que a assembleia percebesse o valor dele. Se a equipe parou o canto ao término da comunhão, sobra tempo para o silêncio após a comunhão e também para alguma breve canção meditativa ou instrumental antes da oração pós-comunhão.

Lembro aqui também algumas outras posturas dos membros da equipe de canto litúrgico. A equipe de canto litúrgico deve se preocupar com seu comportamento, ou sua conduta, durante a missa. Veja a seguir alguns desses comportamentos:

- Evite comportar-se como se estivesse em um palco para fazer um show. Cante com o coração e não apenas porque é seu dia de cantar, ou porque não há quem cante, ou por qualquer outra razão que não seja por amor e doação a Deus e à comunidade.

- Não seja intransigente, querendo tocar de seu jeito, sem levar em conta a equipe de liturgia e a assembleia.
- Evite contestar a equipe de celebração e o padre para impor seu procedimento e suas ideias. Seja humilde.
- Não caia nos extremos de cantar sempre as mesmas músicas, ou de mudá-las constantemente, de modo que a assembleia nunca aprenda para cantar junto.
- Ensaie e afine bem os instrumentos antes da celebração para não precisar fazer isso durante a missa.
- Antes de cantar qualquer música que a equipe ou algum membro dela escolheu, submeta-a à equipe de liturgia para que seja verificada se ela é adequada ou não para a celebração.
- Não permita que os instrumentos sobressaiam à voz.
- Cante atento à letra do canto, evitando assim erros ou substituição de palavras que poderão interferir no sentido do canto.
- Mantenha uma estreita sintonia com a assembleia, porém, com discrição.
- Não converse sem necessidade com os membros da equipe ou qualquer outra pessoa durante a missa.
- Preste atenção não apenas no canto, mas em todas as partes da missa, inclusive durante a homilia.
- Se tiver de falar algo a alguém, faça isso com discrição, sem chamar atenção.
- Combine antes o momento que a equipe irá comungar para evitar interrupções no canto. Aconselha-se que a equipe de canto comungue antes ou depois que todos comungarem.
- Cuidado também com as vestes. Elas precisam ser adequadas com o ambiente. Qualquer pessoa que exerça um serviço, função ou ministério na igreja deve se vestir descentemente, isto é, de acordo com o espaço sagrado. Os corais, comumente, utilizam algum tipo de vestimenta apropriada que os identificam, porém isso não costuma ocorrer com as equipes de canto ou

com os ministérios. Assim sendo, quando não se usa uma veste que identifique a equipe, seus membros devem se vestir adequadamente, isto é, não usar roupas extravagantes, muito chamativas, ou que desviem a atenção da assembleia, como, por exemplo, roupas curtas, com decotes, no caso das mulheres, ou bermudas, no caso dos homens, camisa de time de futebol, ou com propaganda de produtos nocivos à saúde, ou de políticos ou partidos, ou com frases obscenas, de duplo sentido ou que deponha contra os valores da Igreja. Todos esses cuidados são importantes de se ter na hora de se vestir para participar da missa na equipe de canto litúrgico.

Por fim, trago aqui as orientações da Instrução Geral do Missal Romano às equipes de canto litúrgico que versam sobre o lugar onde essa equipe deve ficar na igreja e os instrumentos a serem usados. Já falei deles antes, mas aqui os apresento novamente a título de reforço da ideia ou da orientação. Diz o documento: "O grupo de cantores, segundo a disposição de cada igreja, deve ser colocado de tal forma que se manifeste claramente sua natureza, isto é, que faz parte da assembleia dos fiéis e desempenha um papel particular. Sua posição deve favorecer o desempenho de sua função litúrgica e permitir que todos os membros possam participar plenamente da missa, inclusive pela comunhão" (IGMR, n. 274). Dois pontos se destacam nessa instrução: primeiro, as equipes de canto litúrgico são partes integrantes da assembleia. Elas não estão ali, à parte, apenas prestando um serviço, mesmo que geograficamente elas estejam posicionadas à parte. Seus membros devem também participar da celebração interagindo com elas. Há quem pense que, no dia em que está escalado para cantar a missa, não está participando dela. Segundo, a equipe se posiciona em um lugar à parte para favorecer o desempenho de sua função e não para aparecer. Tanto é assim que, antigamente, ou nas igrejas mais tradicionais, o lugar do coral era ao fundo, em um espaço elevado. Do alto, as vozes se propagavam pela igreja, mas o coral ou cantores não eram vistos. A posição da equipe de canto deve também favorecer que seus membros participem da missa, inclusive da comunhão. Talvez por isso, após o Concílio Vaticano II, as equipes de canto deixaram de cantar naquele lugar elevado ao fundo da igreja e foram à frente, mais na lateral do presbitério, permitindo que seus membros participassem melhor da missa e da comunhão.

A outra instrução é em relação aos instrumentos. Já falei deles antes, mas é bom reforçar com a fundamentação do documento primordial da Igreja. Assim diz a Instrução Geral do Missal Romano: "O órgão e outros instrumentos musicais legitimamente aprovados sejam colocados em tal lugar que possam sustentar o canto do grupo dos cantores e do povo e possam ser facilmente ouvidos por todos, quando tocados sozinhos" (IGMR, n. 275). Cabe destacar aqui alguns pontos dessa orientação. Primeiro, a ênfase dada ao órgão, instrumento por excelência das missas. Se há possibilidade de o utilizar para acompanhar os cantos, esse instrumento é o ideal. Porém, não tendo possibilidade de usar um órgão, podem-se usar outros instrumentos, desde que sejam aprovados pela Igreja. Portanto, antes de usar qualquer instrumento pouco convencional, busque saber se ele é aprovado. Muitos não têm essa preocupação e acabam por usar quaisquer instrumentos, até aqueles mais ruidosos e que pouco ou nada favorecem o bom desempenho da celebração. Quanto ao lugar e à função deles, a orientação é clara, servem apenas para sustentar o canto e não para o encobrir. Se o encobrir, a assembleia não o ouve e, não ouvindo, não canta com a equipe de canto.

Creio que essas orientações poderão ajudar as equipes de canto litúrgico a desempenharem melhor sua função como membros que ajudam a servir na missa e, consequentemente, o altar, mesmo que ela não esteja diretamente vinculada ao altar ou em volta dele como as demais equipes tratadas neste livro.

8

SALMISTAS

Na maioria das paróquias, os salmistas fazem parte da equipe de canto litúrgico; mas, se a comunidade quiser ter uma equipe à parte, será o ideal, pois os salmistas estão entre os leitores e os cantores, com a diferença de que eles exercem uma função um pouco distinta de ambos. Por um lado, os Salmos são leituras bíblicas, por isso devem ser feitos da mesa da Palavra, por outro, recomenda-se que ele seja cantado, ou melhor, salmodiado, então os salmistas também dialogam com os membros da equipe de canto litúrgico.

Os Salmos compõem uma parte importante da liturgia da Palavra, e os Salmistas devem ter consciência dessa importância, para não desempenharem essa função de qualquer jeito. Para isso, é preciso que estudem o Salmo colocando melodias adequadas, conforme a orientação da Igreja. É importante também que os salmistas conheçam o Saltério, evitem colocar nos Salmos melodias gospel, isto é, de Igrejas Evangélicas, e nunca coloquem melodias de músicas profanas ou do cancioneiro popular.

Os Salmistas também devem usar vestes adequadas para salmodiar. Se fizerem parte da equipe de canto litúrgico, e esta usar vestes apropriadas, podem usar as mesmas. Quando fizerem parte da equipe de leitores, poderão usar a mesma veste que os leitores usam. Porém, se a paróquia tiver uma equipe de salmista, esta poderá usar uma veste diferenciada da dos cantores e dos leitores, destacando, assim, sua função como salmista na equipe de liturgia e de servidor do altar.

Sobre as funções e ministérios na Missa, a Instrução Geral do Missal Romano diz: "Compete ao salmista proclamar o Salmo ou outro cântico bíblico colocado entre as leituras. Para bem exercer sua função, é necessário que saiba salmodiar e tenha boa pronúncia e dicção" (IGMR, n. 67). Sendo assim, deve-se evitar colocar nessa função pessoas que não sabem salmodiar ou que não tenham boa dicção. Esses dois quesitos são fundamentais para um salmista. Para isso é preciso estudo, treino e muita dedicação. Se a comunidade não encontrar ninguém que tenha essas qualidades ou que se preparara para isso, é melhor ler o Salmo. E, se for lido, que seja de modo diferenciado das demais leituras. Por se tratar de uma leitura de gênero literário poético, é importante que, ao ler o Salmo, seja dado a ele a conotação de poesia, isto é, que seja recitado e não apenas lido como se o Salmo fosse apenas uma leitura a mais. O salmista precisa ter essa sensibilidade literária para que o Salmo cumpra sua função na liturgia.

Como dito antes, não havendo salmistas na comunidade, essa função pode ser desempenhada por um cantor ou leitor, diz a Instrução Geral do Missal Romano: "O salmista, o cantor ou o próprio leitor, no fim da leitura proclama o salmo, e o povo, o estribilho" (IGMR, n. 90). O Salmo é também parte integrante da liturgia da Palavra: "À primeira leitura segue-se o Salmo responsorial ou gradual, que é parte integrante da Liturgia da Palavra. O Salmo normalmente é tirado do Lecionário, pois cada um de seus textos se acha diretamente ligado à respectiva leitura; assim a escolha do Salmo depende das leituras" (IGMR, n. 36). O documento lembra aqui que o Salmo não pode ser substituído, exceto se quem o substituir tiver profundo conhecimento de liturgia e escolher um Salmo que de fato responda à leitura que veio antes, pois a função do Salmo na Missa é responder à primeira leitura, por isso se chama Salmo responsorial, ou seja, Salmo de resposta; se assim não for, ele não é litúrgico. Antigamente era chamado de Salmo de meditação, e isso confundia as pessoas e os membros de equipe litúrgica, que achavam que bastava ser o Salmo meditativo, ou que levasse à meditação. Porém não é apenas essa a função do Salmo. Ele precisa, sim, ser meditativo, por isso não pode ser cantado de qualquer jeito ou com qualquer melodia, mas sua função primordial é responder à primeira leitura. Assim, o salmista, na hora de salmodiar, precisa ter em conta essas duas perguntas: o Salmo responde à primeira leitura? Ele possibilita a meditação da assembleia? Tendo esses dois critérios, o Salmo é litúrgico. No entanto, para evitar dúvidas, siga o Salmo indicado na Liturgia da Palavra, e salmodie de forma que ele seja meditativo, que leve a assembleia a meditar não apenas o Salmo, mas a leitura lida antes.

Outra característica importante do Salmo é que as respostas nem sempre fazem parte do próprio Salmo, mas pode ser um refrão que tenha estreita relação com a letra do Salmo. O mais comum é que o refrão seja um versículo do Salmo. Isso se dá levando em consideração a importância de a assembleia responder ao Salmo. Há salmistas que não levam em conta a resposta da assembleia, colocando melodias no refrão de difícil resposta. Quando isso ocorre, mostra que o salmista não entendeu sua função. Lembre-se: é Salmo de resposta, e esta resposta não é apenas de quem salmodia, mas de toda a assembleia. Se ela não está respondendo, o Salmo não está cumprindo sua função nem o salmista. Diz a Instrução Geral do Missal Romano: "Mas, para que o povo possa mais facilmente recitar o refrão salmódico, foram escolhidos alguns textos de responsórios e de Salmos para os diversos tempos do ano e as várias categorias de Santos, que poderão ser empregadas em lugar do texto correspondente à leitura, sempre que o Salmo é cantado" (IGMR, n. 36). Ou seja, a resposta dos Salmos, ou refrão, leva em conta a participação da assembleia, bem como o tempo litúrgico e a festa que é celebrada. Essas características conferem harmonia à liturgia.

A Instrução Geral do Missal Romano lembra ainda o lugar do salmista. Como foi dito, o salmista proclama o Salmo da mesa da Palavra. Há quem insista em proclamá-lo de outro lugar, como, por exemplo, diretamente do coro; mas essa não é uma postura correta porque o Salmo é leitura bíblica. Diz o documento litúrgico: "O salmista ou cantor do Salmo, no ambão ou outro lugar adequado, profere os versículos do Salmo perante toda a assembleia que o escuta sentada, geralmente participando do refrão" (IGMR, n. 36). Pelo fato de o documento dizer "do ambão ou de outro lugar adequado", há quem imagine que isso possibilita salmodiar diretamente do coro. Outro lugar adequado significa que seja um local onde a assembleia possa ver o Salmista salmodiando e possa responder com ele sem prejudicar a proclamação. Portanto, para evitar erro, o lugar mais adequado é sempre a mesa da Palavra.

Outra orientação importante da Instrução Geral do Missal Romano sobre o Salmo é que para ser litúrgico, isto é, para responder à leitura, o Salmo precisa ser do Gradual Romano. Não se pode escolher aleatoriamente um Salmo qualquer depois da primeira leitura, mesmo que seja uma Missa exclusiva, fora do calendário litúrgico, como, por exemplo, uma Missa por ocasião de Bodas, formatura ou outro evento. Diz o documento: "Quando se canta, pode-se usar, além do Salmo marcado no Lecionário, um gradual do Gradual Romano ou Salmo responsorial ou aleluiático do Gradual Simples, como se encontram nesses livros" (IGMR, n. 36). Gradual significa que ele precisa ter um grau de sintonia adequado com o teor da leitura lida antes.

Outra orientação importante, já dita, mas que o documento enfatiza, é sobre cantar o Salmo. Quando o Salmo é cantado, ele é naturalmente enfatizado. Por essa razão, sempre que possível, o Salmo deverá ser cantado. Quando não for possível cantar, que seja recitado. Diz o documento: "O Salmo que ocorre após a leitura, se não for cantado, seja recitado" (IGMR, n. 39).

O mesmo vale para as sequências. Há celebrações solenes que contêm sequências após a segunda leitura. Quem as faz é, geralmente, o salmista; e essas podem ser feitas da mesa da Palavra ou diretamente do coro. Há sequências que são obrigatórias e outras facultativas. As obrigatórias são as da Páscoa e de Pentecostes. As demais são facultativas. Diz o documento: "As sequências são facultativas, exceto nos dias da Páscoa e de Pentecostes" (IGMR, n. 40). É importante seguir as mesmas regras do Salmo para as sequências. Sempre que possível, cantá-las; se não for possível cantar, recitá-las. Na hora de cantar ou recitar a sequência, a assembleia permanece sentada. É comum que as pessoas se levantem na hora da sequência porque a confunde com a aclamação ao evangelho. Nesse caso, para orientá-la a permanecer sentada, a equipe de celebração, ou quem estiver servindo o altar, deve permanecer sentada e somente se levantar na hora da aclamação ao evangelho, que vem a seguir.

É bastante comum, na maioria das igrejas, não haver salmista nas missas semanais. Quando isso ocorre, sejam em missas semanais, dominicais, solenidades ou festas, um leitor pode fazer o Salmo. Veja o que diz o documento sobre os ofícios do leitor: "Profere, no ambão, as leituras que precedem o Evangelho. Não havendo salmista, pode proferir também o Salmo responsorial depois da primeira leitura" (IGMR, n. 150). Quando isso ocorrer, que o leitor tenha o discernimento de proferir adequadamente o Salmo.

O Cerimonial dos Bispos traz a seguinte orientação aos salmistas: "O canto entre as leituras assume grande importância litúrgica e pastoral. Convém, por isso, que, nas celebrações presididas pelo Bispo, principalmente na igreja catedral, haja um salmista ou cantor de Salmo, perito na arte de salmodiar e dotado de idoneidade espiritual, que cante, seja em forma responsorial, seja todo seguido, o Salmo ou outro cântico bíblico, bem como o gradual e o 'Aleluia', de modo que os fiéis se sintam convenientemente apoiados, quer no canto quer na meditação do sentido dos textos" (C.B, n. 33). Vemos, assim, que esse documento enfatiza a formação do salmista, tanto na arte de salmodiar quanto em sua espiritualidade. Quem serve o altar como salmista deve saber salmodiar e ter espiritualidade. Não basta ser um profissional do canto, é preciso que tenha espiritualidade. Esse dado é essencial para um salmista, pois ele deve tornar a celebração mais orante, levar os fiéis a orarem.

Em suma, por ser de suma importância o ministério litúrgico do salmista, como servidor do altar, é importante que ele tenha formação adequada, capacitação para a função e espiritualidade. A função de cantar o Salmo Responsorial, após a primeira leitura, é também um gesto sacramental, sinal sensível da presença de Deus, que fala por meio da pessoa do salmista. Como foi dito, o Salmo não é uma leitura qualquer, nem se assemelha às demais leituras, por isso carece de uma proclamação diferenciada e adequada. Podemos dizer que é uma leitura-proclamação e que deve ser cantada de preferência como um prolongamento meditativo da leitura proclamada. Vale lembrar que o salmista deve se colocar a serviço de Deus, emprestando-lhe sua voz, sua comunicação, seus gestos, sua pessoa. O salmista salmodia com todo o seu ser e não apenas com sua voz. Ele se coloca a serviço da comunidade reunida em assembleia para ouvir a Palavra de Deus, que o Salmo contém. Trata-se, portanto, de um conjunto de atitudes a serem assumidas pelo salmista, para que seja expressão do Deus vivo, que fala à comunidade, e, ao mesmo tempo, resposta orante do povo à Palavra de Deus ouvida. Assim, é preciso cuidar do modo como se dirige ao ambão, de seu olhar para a assembleia e para o texto sagrado, de seus movimentos, de sua dicção, de seu tom e da modulação da voz. Movido pelo Espírito Santo, o salmista proclama com os lábios e com o coração a mensagem do texto bíblico, para que o povo escute e acolha o que a Igreja lhe diz naquele dia. Da parte da assembleia, ela deve ter "os olhos fixos" em quem proclama cantando o Salmo (Lc 4, 20), sem acompanhá-lo, assim como as demais leituras, pelo folheto ou mesmo pela Bíblia, caso a comunidade use esses subsídios. Vale ressaltar que o Salmo deve ser proclamado do Lecionário, que é nossa "Bíblia Litúrgica".

Irmã Miria Kolling[26] lembra que são dois os modos de executar os Salmos: forma responsorial, em que o salmista propõe o refrão, cantando-o sozinho, a seguir repetido pela comunidade, e cantando as estrofes, geralmente em forma livre, em uma espécie de recitativo, ouvidas e acolhidas pela assembleia, que participa no refrão; forma direta, em que o salmo é todo cantado pelo solista, sem interferência nem participação da assembleia, que só escuta. De preferência, diz Kolling, seja usada a primeira forma, por promover uma participação ativa (canto) e passiva (escuta) da comunidade celebrante. Ela lembra ainda: "Em diversos encontros de liturgia e canto pastoral já foi colocada a seguinte questão: poderia o próprio instrumentista, lá do seu lugar, onde está o grupo de canto, tocar e cantar o salmo?

---

[26] KOLLING, Ir. Miria. "A função do Salmista". In: https://www.a12.com/redacaoa12/musica/a-funcao-do-salmista. Consulta em 04/06/2020.

Não é liturgicamente o mais adequado, primeiro, porque os documentos da Igreja insistem: *Cada um, ao desempenhar sua função, faça tudo e só aquilo que pelas normas litúrgicas lhe compete.* (Sacrosanctum Concilium). Salmodiar requer um dom especial e é um ministério próprio. Depois, porque o Salmo Responsorial deve ser proclamado do ambão ou da estante da Palavra, como as demais leituras".[27]

Antes de finalizar esse tópico sobre os salmistas como servidores do altar, gostaria de lembrar algo que muitos esquecem: os instrumentos não devem sobrepor ou encobrir a voz do salmista. Vale lembrar que, nos primórdios, no próprio canto gregoriano, que é uma das melodias mais indicadas para os Salmos, não havia acompanhamento de instrumentos. O salmista salmodiava à capela, conferindo ao Salmo toda a sua beleza, sem interferência de instrumentos. Porém há cantos gregorianos acompanhados de instrumentos, que são adequados, como, por exemplo, órgão, teclado, harmônio, entre outros que ajudam a evidenciar o Salmo. Quando se usa instrumentos ruidosos, a voz do salmista poderá ser encoberta e isso poderá prejudicar a boa execução do Salmo. O Salmo precisa ser ouvido, não os instrumentos. Sobre isso, Ir. Miria Kolling diz: "Algum instrumento que acompanhe o salmista, seja discreto e suave, servindo apenas de apoio, nunca se sobrepondo à mensagem do texto, que tem a primazia. Requer-se do salmista formação bíblico-litúrgica, espiritual e musical, bem como prática no manuseio do Lecionário e outros livros litúrgicos. 'Cantar no Espírito' supõe preparação anterior, evitando-se a improvisação". E, para encerrar, ela lembra uma frase de São Jerônimo: "Devemos cantar, salmodiar e louvar ao Senhor mais com o espírito do que com a voz... O servo de Cristo cante de tal forma que não se deleite na voz, mas nas palavras que canta". Portanto, salmistas, cuidem para exercer bem seu ministério. Faça com que seu canto toque os céus, emprestando a Deus sua voz e fazendo com que a assembleia e toda a equipe de celebração o exultem com seu canto por ele ter ajudado na harmonia da liturgia.

---

[27] KOLLING, Ir. Miria. "A função do Salmista". In: https://www.a12.com/redacaoa12/musica/a-funcao-do-salmista. Consulta em 04/06/2020.

9

OPERADORES DE MULTIMÍDIA E SISTEMAS DE SOM

A Comissão Episcopal Pastoral para a Liturgia da CNBB, mediante o frequente uso do projetor multimídia na liturgia das paróquias, apresentou algumas observações em relação a esse procedimento, afirmando que, por se tratar de uma realidade relativamente recente e ainda pouco refletida em nosso meio, causando discussões e, até mesmo, divergências de opinião, buscou oferecer algumas notas ou alguns elementos para uma reflexão e futuros aprofundamentos da parte do episcopado nacional, dos liturgistas, dos párocos e de todos os agentes de pastoral litúrgica em nosso país e, sobretudo, daqueles que utilizam o projetor multimídia como recurso para a liturgia. Aqueles que desejarem conhecer essas notas devem acessar o link que indico no final deste capítulo. Porém, adianto aqui algumas observações, ou interrogações, como, por exemplo, o fato de, a partir do Concílio Vaticano II e da reforma litúrgica dele derivada, ter existido uma abertura e uma necessidade de compreender estas novas realidades: seria esta uma simples adaptação à cultura moderna? Apenas uma moda, como foi com o retroprojetor, que depois caiu em desuso? Uma criatividade litúrgica? Quais os motivos da introdução deste meio na liturgia? Seria o projetor multimídia algo a ser realmente necessário na liturgia? Diante desses e de outros questionamentos, o texto nos leva a refletir sobre o uso de aparelhos de projetor multimídia nas missas. Vale a pena ver essas observações e saber o que a Igreja no Brasil pensa sobre isso.

O fato é que muitas paróquias estão abandonando o uso de folhetos e utilizando sistemas de multimídia para projetar algumas partes da missa, principalmente as respostas da assembleia. De antemão, quero lembrar que liturgicamente esse procedimento não é recomendado, mas vem sendo implantado em muitas igrejas e, por existir, carece de alguém que opere esse sistema. Assim sendo, entre as equipes, os grupos e as pessoas que servem o altar, estão também agora os operadores de multimídia e sistemas de som. Eu os coloco com os servidores do altar porque, a exemplo das equipes de canto litúrgico, esses também, indiretamente, servem o altar, porque contribuem para que a missa seja celebrada com mais compreensão e participação. Assim sendo, as orientações que aqui seguem são direcionadas para estas pessoas que, embora não necessariamente sirvam o altar de modo direto, cumprem um papel importante na missa para que ela ocorra harmonicamente.

 Os sistemas de projeção consistem no uso de um aparelho projetor que contém uma lente de projeção que transmite imagens e textos contendo cantos e partes da missa. Ele é conectado a um aparelho de computador. É algo que, além de econômico, facilita a visualização da assembleia das partes projetadas, evitando, assim, os folhetos. Quem opera esse sistema precisa tomar alguns cuidados, como, por exemplo, manuseá-lo corretamente para evitar danos materiais, bem como saber operá-lo para que o sistema cumpra sua função, que é a de facilitar a participação da assembleia. Dessa maneira, é preciso que se tenha a devida orientação e saiba bem como o sistema funciona para poder extrair dele o máximo de aproveitamento. Além disso, cabe aos seus operadores conhecer toda a estrutura da celebração para projetar a parte certa no momento certo, e não ficar alheio à celebração, pois, mesmo que esteja no desempenho dessa função técnica, ele deve também participar da missa. Disso falarei mais adiante. Vamos primeiro à parte técnica da função.

 A primeira recomendação é sobre os cuidados com os aparelhos ou instrumentos. Pede-se para quem os manuseia que cuide deles, evitando danos, avarias ou perda, pois são relativamente caros. Deve-se ter cuidado não apenas na utilização, mas também ao guardá-los. Esses instrumentos devem ficar em lugar de pouco acesso, com chave, para evitar roubou ou extravio, ou ainda os desajustes que causam transtornos. No caso dos projetores, dê preferência aos fixos, que, além de facilitarem o trabalho, evitam riscos de perdas ou danos. As telas fixas e retráteis também facilitam o trabalho na hora da projeção. Quanto ao computador, que é também uma peça muito visada por ladrões, cuide para não deixá-lo vulnerável ou mal acondicionado.

Sobre a formação e informações dessa equipe, vale destacar que todo operador de projetores de multimídia, ou operadores de som, deve ter tido antes orientações de uso do aparelho e formação não apenas na área da informática e técnica de som, mas também formação litúrgica para saber quais são as partes da missa a serem projetadas e em que momento projetá-las, e como regular o som adequadamente para a missa. Além disso, a cada missa precisa procurar saber o que vai acontecer e em que momento cada ação deverá ser executada, evitando, assim, desencontros entre a imagem projetada e o que se está dizendo, ou sons com interferências danosas à celebração. Quem prepara os slides das missas, por exemplo, deve manter estreita sintonia com quem irá projetá-los na hora da celebração. Mesmo assim, é bom revisar antes todas as partes da missa contidas nos slides para evitar erros e desencontros de informações. Converse com o presidente da celebração antes da missa e lhe passe algumas informações que, porventura, ele não saiba.

Outra recomendação aos operadores de multimídia e sistema de som é sobre a sintonia com a equipe de celebração e todos que servem o altar. Quem opera os sistemas de multimídia e o som durante as missas é parte da equipe de celebração, e manter sintonia com ela é fundamental. Isso facilita o trabalho e ajuda na harmonia da celebração e no serviço de altar. Quem presta esse serviço, mas não sabe o que vai acontecer, ou não conhece nada de liturgia, acaba por prejudicar a celebração. Quem tem formação e sintonia com o conjunto age no momento certo e da maneira mais adequada.

Uma postura desses operadores é fundamental: discrição. O que deve aparecer e ser ouvido são as imagens projetadas e o som, e não a pessoa que está projetando ou que está regulando o som. O ideal seria que as pessoas que operam esses aparelhos ficassem ocultas, sem que a assembleia as visse. Quando isso não é possível, tome alguns procedimentos que evitem chamar atenção, como, por exemplo, vestir-se adequadamente, sem exageros; evitar sair do posto durante a celebração; participar da missa, atento em todos os momentos; não ficar olhando para a assembleia, ou para qualquer outro lugar que denote dispersão ou descaso com a celebração etc. Por esse motivo, a forma como essas pessoas se vestem também revela se querem ou não discrição. Se para as demais pessoas da equipe de celebração, ou de serviço do altar, são recomendadas vestimentas adequadas, não é diferente para quem presta o serviço de operador de multimídia ou som, na missa. Se a paróquia não tiver uma veste própria para esses serviços, procure você mesmo ter o bom senso de vestir-se com dignidade, evitando roupas que possam chamar atenção ou provocar algum escândalo, como, por exemplo, as muito curtas e decotadas, as muito coloridas e exageradas. Os homens devem evitar bermudas, chinelos, camisas de clubes de futebol, ou com propaganda, ou com frases obscenas, entre outras coisas de gosto duvidoso. Lembre-se de que você está em uma missa e não no sofá de sua casa, na praia ou no estádio. Vista-se como quem vai para a missa, mesmo que sua função não seja a de servir diretamente o altar.

Se as vestimentas são importantes, as posturas também. De nada adianta estar vestido adequadamente se a postura for inadequada. Sendo a discrição e as vestes importantes para a missa, a postura também é algo que se deve cuidar, pois ela expressa, dentre outras coisas, o valor que se dá ao ato executado e à própria celebração. Assim sendo, procure sentar-se adequadamente; evite distrações ou atitudes que não condizem com o momento; procure centrar-se no que está fazendo e, ao mesmo tempo, na celebração. Não esqueça que, apesar de estar desempenhando uma função técnica, você está também participando da missa e ajudando indiretamente a servir na celebração. Ao comungar, procure manter uma atitude de compenetração e fé, sem, contudo, descuidar da função.

Vale também destacar a pontualidade e a fidelidade de quem serve na missa por meio desses instrumentos. Mais que qualidade, a pontualidade e a fidelidade ao serviço são responsabilidades de quem exerce a função de projetar na tela as partes da missa, ou de regular o sistema de som. Por essa razão, é importante que se chegue bem antes para preparar e revisar tudo o que será feito e fazer os ajustes necessários no som antes de a missa começar. A missa não poderá começar com atraso por causa do descuido de quem está escalado para a operação desses aparelhos. Além disso, é preciso ser fiel ao compromisso. Quando não puder comparecer, avise com bastante antecedência quem for responsável pela equipe para que providencie outra pessoa para colocar em seu lugar. Caso surja um imprevisto, impossibilitando sua chegada a tempo, ligue para justificar a falta ou o atraso. A esse procedimento dá-se o nome de responsabilidade.

Toda pessoa que assume um trabalho na comunidade, seja voluntária ou funcionária, deve ter responsabilidade. Ser responsável significa fazer tudo com zelo, cuidando para oferecer o melhor de si; zelando pelos materiais que utiliza; e sendo responsável pelas situações que dependem de você. Se a pontualidade e a fidelidade são responsabilidades, é também responsabilidade instalar, regular, usar, recolher e guardar de modo adequado os aparelhos; colocar-se à disposição da equipe; interagir com o grupo e com o presidente da celebração; preocupar-se com as pessoas, situações e os objetos. Pessoas responsáveis são confiáveis. Portanto procure ser digno da confiança das outras pessoas, fazendo seu trabalho com responsabilidade.

Para finalizar quero lembrar que o Missal Romano não trata dessa função, pois é algo relativamente recente na Igreja. Então, por não encontrar respaldo nesse documento, é bom que os responsáveis pelas paróquias e equipes de operadores de multimídia e som tenham cautela no exercício de sua função, esforçando para contribuir com a celebração e não a obstruir. A CNBB tem reflexões sobre o uso de projetor multimídia na liturgia. Se desejar conhecer, acesse o link que indico aqui em nota de rodapé.[28]

---

[28] Cf. www.cnbb.com.br, link "Comissões Episcopais - Liturgia".

10

MESTRES DE CERIMÔNIA OU CERIMONIÁRIOS

O mestre de cerimônia, ou cerimoniário, é aquele que tem como função preparar e dirigir as celebrações solenes, principalmente as que são presididas pelo Bispo. Sua atuação deve ser com simplicidade e ordem, fazendo com que a celebração brilhe pelo decoro e cumprimento das normas litúrgicas.

Para ser mestre de cerimônia é preciso ter conhecimento profundo da sagrada liturgia, sua história e natureza, suas leis e seus preceitos, afirma o Cerimonial dos Bispos (n. 34 § 2). Assim sendo, recomenda-se a quem pretende exercer essa função que se prepare adequadamente para poder desempenhá-la com maestria, como pedem as normas litúrgicas, pois o mestre de cerimônia é aquele que conduz a celebração em todos os seus momentos. Um dos livros imprescindíveis para essa formação é o Cerimonial dos Bispos. Além desse, leia atentamente a Instrução Geral sobre o Missal Romano.

O mestre de cerimônia pode ser padre, diácono, religioso ou qualquer leigo devidamente preparado. Ainda não é permitido que mulheres exerçam essa função na missa, conforme sugere a Instrução Geral do Missal Romano, n. 70.

Para atuar como mestre de cerimônia, ou cerimoniário, é preciso usar vestes adequadas. De acordo com o Cerimonial dos Bispos "O mestre de cerimônia apresenta-se revestido de alva ou veste talar e sobrepeliz. No caso de estar investido na ordem de diácono, pode, dentro da celebração, vestir a dalmática e as restantes vestes próprias de sua ordem" (cf. CB, n. 36).

Pede-se também zelo com a conduta. Pela função que exerce, o mestre de cerimônia fica evidente dentro da celebração. Por essa e por outras razões, ele deve tomar todo o cuidado para não aparecer mais do que a função lhe proporciona. O Cerimonial dos Bispos recomenda: "dentro da própria celebração, deve agir com suma discrição; não falar sem necessidade; não ocupar o lugar dos diáconos ou dos assistentes, pondo-se ao lado do celebrante; tudo, em uma palavra, executar com piedade, paciência e diligência" (idem, n. 35).

É preciso que o mestre de cerimônia se preocupe com seus procedimentos. Desse modo, ele deve participar da preparação da missa. Não sendo possível, procurar saber com antecedência o que foi preparado, pois assim estará mais inteirado de tudo o que irá ocorrer além daquilo que é próprio do ritual da missa. Recomenda-se também que "deve, em tempo oportuno, combinar com os cantores, assistentes, ministros celebrantes tudo o que cada um tem a fazer e a dizer" (idem).

Aqui vão algumas das funções do mestre de cerimônia, ou cerimoniário. Ele é aquele que acompanha e serve, durante a celebração, o presidente, seja ele o Bispo ou um presbítero. Sua função começa bem antes da celebração, pois deve verificar se tudo está em seus devidos lugares e se cada membro da equipe de celebração está ciente de sua função e do lugar que irá ocupar no presbitério. Ele acompanha a procissão de entrada, indo à frente. Quando chega diante do altar, posiciona-se para orientar os que irão ficar no presbitério a procederem corretamente e ocuparem seus lugares. Durante a missa, ele deve estar sempre atento ao que o presidente da celebração necessitar e delegar os respectivos responsáveis para exercer sua função. É ele quem comanda as ações dos ajudantes, como, por exemplo, as do librífero, baculífero, mitrífero, turiferário, naveteiro, leitores, entre outras. O mestre de cerimônia é aquele que, desde o princípio da missa até seu término, serve o presidente da celebração e todos os que compõem a equipe do altar, como se estivesse servindo o próprio Jesus. É preciso, portanto, fazer tudo com os olhos da fé, com muita humildade e dedicação, seguindo as orientações litúrgicas e as rubricas da cerimônia.

Pede-se ao mestre de cerimônia, como foi pedido aos demais que estão servindo ao altar, a humildade. O fato de esta ser uma função de visibilidade na missa, ele precisa ter uma postura humilde, que consiste, entre outras coisas, em não agir com arrogância, não se dirigir às pessoas sem delicadeza e tato. Embora a celebração esteja sob seu comando, no sentido de orientar a ação de cada momento, não se pode ser indelicado com as pessoas, constrangendo-as em seus atos, mas se dirigir a elas com atenção, carinho, de modo que todos se sintam seguros com sua presença. As pessoas que agem com humildade conseguem desempenhar melhor essa função, fazendo com que ela esteja em harmonia com toda a celebração, inclusive com quem dela participa. A humildade se denota na postura, nos atos, no vestir e nas palavras proferidas.

É preciso também que se tenha destreza na função que desempenha, a qual significa agilidade, facilidade e ligeireza de movimentos, sabendo como e o momento certo de agir. Essa destreza é fundamental para se ter a iniciativa dos demais. O mestre de cerimônia que possui essa qualidade demonstra perícia, aptidão e habilidade para desempenhar a função. Ele comanda a cerimônia de modo que ela não perca sua harmonia. Destreza significa também agir com segurança e firmeza. O cerimoniário deve transmitir segurança para todos, inclusive para o presidente da celebração e para os que estão no presbitério, pois ele é como o timoneiro no leme de um barco, ou como o regente de uma orquestra, ou como um técnico no comando de uma equipe, comandando a equipe de celebração. Se for alguém que não passe firmeza em seus atos, todos se sentirão inseguros e a celebração tende a se desarmonizar.

Pede-se que ele seja também sensato, que tenha bom senso, equilíbrio. O bom senso é o norteador de suas ações. Ter bom senso é muito importante para alguém cuja função é muito visível. É preciso tratar todas as partes da celebração com ponderação e precaução, evitando exageros ou a imposição de opiniões e gostos pessoais. Tem de ser uma pessoa reservada e comedida, circunspecta no agir, apesar de a ocasião oferecer a possibilidade de aparecer.

Também é bom ser uma pessoa amável, pois favorece o bom desempenho nessa função. Quem é amável conquista a simpatia dos demais e faz com que as pessoas o queiram bem. Ser amável é ser atencioso, delicado no trato e, sobretudo, gentil. O mestre de cerimônia que não é amável acaba prejudicando a celebração, provocando uma sensação de mal-estar nos demais, levando as pessoas a não participarem adequadamente da celebração.

Por fim, vale destacar: você não é mais importante que os demais, apesar de sua função ser importante na celebração. Você está ali para servir na humildade, como pediu Jesus a todos aqueles que se propuseram a servir como discípulos e missionários seus.

11

DIÁCONOS

Geralmente, após finalizar os estudos de Teologia, o futuro sacerdote recebe o sacramento da Ordem em seu primeiro grau, chamado diaconato. Depois é "ordenado padre", ou seja, recebe o segundo grau do sacramento da Ordem, o presbiterato. O terceiro grau, ou a plenitude desse sacramento, somente um bispo recebe ao ser sagrado: o Episcopado. O diácono, mesmo o que tenha recebido o diaconato permanente (leigo que recebe apenas o primeiro grau do sacramento da Ordem), utiliza a estola em sentido diagonal. Pode também, em missas solenes, usar a veste litúrgica denominada dalmática, enquanto os presbíteros e bispos utilizam a casula. Diáconos existem também em outras denominações cristãs, porque é um conceito bíblico, que significa serviço. Na Igreja Católica, o diaconato está como um dos primeiros graus do Sacramento da Ordem: graus maiores; existem os graus menores (leitorato e acolitato). Há diáconos transitórios, que são os candidatos ao sacerdócio, que é o grau seguinte desse Sacramento, e os diáconos permanentes, que são leigos casados que recebem esse grau do Sacramento da Ordem. Esse grau é para o serviço da Palavra de Deus na liturgia, bem como para ministrar outros sacramentos, como, por exemplo, batizados, testemunhar casamentos, entre outros. O diácono não pode ouvir confissões, celebrar Missa e dar a unção dos enfermos porque esses são sacramentos possibilitados apenas para o sacerdote.

Os diáconos, tanto os transitórios quanto os permanentes, têm funções específicas dentro da celebração, que devem ficar bem esclarecidas para que possam servir com eficiência. O Cerimonial dos

Bispos (n. 23) destaca a importância desse ministério, afirmando que "dentre os ministros, ocupam o primeiro lugar os diáconos, cuja ordem foi tida sempre em grande consideração, já desde os primeiros tempos da Igreja". O diaconato é o primeiro grau do sacramento da Ordem, cuja função primordial é servir. Esse sacramento é recebido pela imposição das mãos do Bispo e pela oração consecratória, prescrita pelos livros litúrgicos (cân. 1009, § 2), e pode ser por tempo determinado, em vista do grau do presbiterato, ou permanente, conforme orientação da Igreja.

Podem receber o grau do diaconato homens casados ou solteiros, de boa índole, com comprovado compromisso com a comunidade eclesial e com a devida formação proposta pela Igreja, cujo tempo e cujos requisitos têm algumas variações de acordo com cada diocese, embora todas sigam as orientações do Código de Direito Canônico e da CNBB para a admissão de um candidato ao grau do diaconato, seja permanente ou temporário. Pede-se, também, que tenham recebido anteriormente os ministérios de leitor e acólito e que já tenham completado vinte e três anos os candidatos ao presbiterado, e vinte e cinco os candidatos ao diaconato permanente. Se for casado, só depois de completados, pelo menos, trinta e cinco anos de idade, e com o consentimento da esposa (cân. 1031, §§ 1 e 2).

Coloco aqui mais alguns requisitos para um homem receber a ordem do diaconato: ter a devida liberdade; receber a formação de acordo com o direito; ter fé íntegra; ser movido por reta intenção; possuir a ciência devida; gozar de boa reputação; ser dotado de integridade de costumes; ter virtudes comprovadas e outras qualidades físicas e psíquicas correspondentes à ordem a ser recebida (cân. 1026-1029; ser do sexo masculino, batizado e confirmado (cân. 1024); ser submetido a uma prova exigida pelo direito; possuir o juízo do Bispo próprio ou do Superior maior competente; ter as devidas qualidades; não ter nenhuma irregularidade ou impedimento; ter preenchido todos os requisitos de acordo com os cân. 1033-1039; ter os certificados de estudos devidamente concluídos, segundo a norma do cân. 1032; certificado de celebração do matrimônio e do consentimento da esposa, se o candidato for casado; ter a idade exigida pelo direito (cf. cân. 1031).

Há também alguns impedimentos para ser diácono: sofrer alguma forma de amência ou de outra doença psíquica que o impossibilite de desempenhar o ministério; ter cometido o delito de apostasia, heresia ou cisma; ter praticado homicídio voluntário, provocado aborto, mutilado a si próprio; ter tentado suicidar-se; ter recebido alguma pena canônica, entre outros. Outros impedimentos, além desses, encontram-se no art. 3, das irregularidades e outros impedimentos, do Código de Direito Canônico, que vai do cânon 1040 até o cânon 1049.

Suas vestes são as seguintes: alva, que corresponde a uma túnica de cor branca, como o próprio nome sugere, que pode ser cingida na altura da cintura por um cíngulo; estola, na cor litúrgica, usada em diagonal, do ombro esquerdo à cintura direita; dalmática, também na cor litúrgica, colocada por cima da alva e da estola, que simboliza a alegria de servir a Deus.

Como qualquer outro ministro ordenado, há recomendações de condutas para o diácono. Coloco aqui algumas delas. Há critérios determinados pela Igreja para que alguém possa receber esse grau do sacramento da ordem, seja ele temporário ou permanente. Com base nos Atos dos Apóstolos (6,3), o Cerimonial dos Bispos afirma: "Os diáconos devem ser homens de boa reputação e cheios de sabedoria, e deve ser tal seu proceder, mediante o auxílio de Deus, que sejam reconhecidos como verdadeiros discípulos daquele, que não veio para ser servido, mas para servir, e viveu no meio de seus discípulos como quem serve" (n. 23). Assim sendo, a conduta do diácono deve ser sempre de serviço. Servir na humildade.

E as competências do diácono quais são? Compete ao diácono, nas ações litúrgicas, "assistir o celebrante; servir junto do altar, do livro e do cálice; dirigir a comunidade dos fiéis com oportunas monições; enunciar as intenções da oração universal. Quando não houver nenhum outro ministro, o diácono desempenha as funções dos outros no que for preciso. Se o altar não estiver voltado para o povo, o diácono deve voltar-se para o povo sempre que tiver de dirigir-lhes avisos" (n. 24).

Na Missa, cabe ao diácono, durante a procissão de entrada, caminhar ao lado do presidente; diante do altar, depois de fazer, com o sacerdote, a devida reverência, subir com ele ao presbitério e beijar o altar; quando se usar o incenso, assistir o sacerdote na imposição do incenso e na incensação do altar; como animador e servidor da comunidade, o diácono, logo após a saudação proferida pelo sacerdote, poderá, com brevíssimas palavras, introduzir os fiéis na Missa do dia; enquanto for proferida a aclamação ao Evangelho, o diácono se dirigirá até o presidente da celebração, inclinar-se-á diante dele e pedirá a bênção dizendo: dá-me tua bênção. O presidente da celebração o abençoará. Em seguida, irá se dirigir à mesa da Palavra (ou tomar o Livro dos Evangelhos, se estiver sobre o altar), saudará o povo com as palavras apropriadas, incensará o Livro e proclamará o Evangelho. Ao terminar, beijará o Livro, dizendo em voz baixa: "Que as palavras do santo Evangelho...", ou, então, voltará para junto do sacerdote com o livro para o oscular. Nas celebrações presididas pelo Bispo, após a proclamação do Evangelho, o Livro deve ser levado para ser osculado por ele; na oração universal poderá fazer seu anúncio; no momento do ofertório, poderá preparar o altar, estendendo o corporal e colocando sobre ele a patena com a hóstia grande, o cálice com vinho e as âmbulas contendo partículas para consagrar; auxiliar o presidente no manuseio do Missal; na Doxologia final da Oração Eucarística, de pé ao lado do sacerdote, elevar o cálice, em silêncio, enquanto o sacerdote eleva a patena com a hóstia consagrada, até que o povo tenha aclamado o amém; depois que o presidente disser a oração da paz, se for oportuno, poderá fazer o convite ao abraço da paz. Tendo recebido a saudação do sacerdote, poderá transmiti-la aos demais ministros e membros da equipe de celebração que estiverem mais próximos; após o sacerdote ter comungado, o diácono comungará e auxiliará em sua distribuição aos fiéis; concluída a comunhão, o diácono voltará com o sacerdote ao altar e reunirá os fragmentos, se os houver. A seguir, purificará o cálice e os outros vasos sagrados na credência, ou no altar, conforme o costume; dada a bênção final pelo presidente da celebração, o diácono despedirá o povo com as seguintes palavras: "ide em paz e o senhor vos acompanhe".

É de suma importância que ele, além de levar uma vida exemplar, tenha uma espiritualidade ilibada. Todo aquele que recebe a ordem do diaconato deve primar por levar uma vida espiritual que faça jus à função que desempenha na Igreja. Espiritualidade significa, entre outras coisas, fazer tudo com fé, deixando transparecer sua sintonia com Deus e com as coisas sagradas. Cada gesto ou palavra, cada atitude do diácono deve demonstrar que ele é uma pessoa de vida espiritual profunda e que não faz as coisas de modo mecânico, apenas por fazer ou por obrigação. A espiritualidade transparece no tom de voz que é usado para se dirigir às pessoas, para proclamar a Palavra e demais exortações, nas posturas e nos procedimentos com os demais, na coerência entre teoria e prática e, sobretudo, na humildade de servir. Recomenda-se que o diácono participe diariamente da Eucaristia, leve uma vida de oração na comunidade e, sendo diácono permanente, também que, com a família, tenha-se vida de oração. Recomenda-se que participe periodicamente de retiros e faça outros exercícios espirituais.

Sobre a formação do diácono, o Código de Direito Canônico propõe normas e orientações, sejam eles permanentes ou temporários. Além do proposto pelo Direito Canônico, cada diocese tem seu calendário próprio de formação dos diáconos, como, por exemplo, as escolas diaconais e outras iniciativas. O Código de Direito Canônico afirma que, para receber a ordem do diaconato, o candidato deve ser submetido a uma prova (cân. 1025, §1) e que deve ser formado com preparação cuidadosa, de acordo com o direito (cân. 1027). "Os aspirantes ao presbiterato podem ser promovidos ao diaconato somente depois de completado o quinto ano do curso filosófico-teológico" (cân. 1032, §1). Diz mais: "Terminado o currículo dos estudos, o diácono, antes de ser promovido ao presbiterato, participe da vida pastoral, exercendo a ordem diaconal por tempo conveniente, a ser determinado pelo Bispo ou pelo Superior maior competente" (cân. 1032, §2). "Aspirantes ao diaconato permanente não sejam promovidos a essa ordem, senão depois de completado o tempo de formação" (cân. 1032, §3).

Essas são, portanto, algumas orientações para essa categoria de servidor do altar, o diácono, seja ele permanente ou temporário. Cabe a ele seguir as normas e orientações de sua diocese, servindo com esmero e humildade o altar, sendo exemplo para todos. Vale lembrar que, embora sirva o altar e participe da missa, o diácono não concelebra, mas exerce sua função segundo as regras litúrgicas.

12

CONCELEBRANTES

Antes de tratar do padre concelebrante, como servidor do altar, descrevo brevemente a concelebração, que vem do latim *concelebrare*. Esta é a celebração da liturgia católica, missa, por mais de um sacerdote, um deles sendo tomado como o principal. Não era comum até 1965, quando vários sacerdotes presidiam a Eucaristia ao mesmo tempo, e em vários altares, a concelebração ou ter padres concelebrantes nas missas, pois, havendo várias missas ao mesmo tempo, cada padre presidia a sua. As igrejas mais antigas ainda preservam os altares laterais, em que essas missas eram celebradas simultaneamente e, às vezes, sem fiéis. O Concílio Vaticano II recuperou o *Ritus servandus in Concelebratione Missæ* e promulgou em 1965 a missa concelebrada, levando em consideração a reforma litúrgica, sem abolir a prática de missas simultâneas e separadas, como acontece ainda hoje em muitas igrejas na Europa, sobretudo na Itália ou em países de grande fluxo turístico religioso, como Jerusalém e outros lugares. Essa prática não é comum em países como o Brasil. Embora exista a motivação de evitar muitas missas separadas, existem também motivos teológicos: ressaltar a unidade do sacerdócio, a unidade do sacrifício de Cristo e a unidade do povo de Deus. Assim, a missa concelebrada veio substituir a prática de missas separadas dentro de um mesmo espaço. Ela é aconselhada pela Igreja Católica nas missas de crisma e ordenações, nas missas estacionais, nos sínodos, na dedicação das igrejas e nas missas presididas por um bispo, entre outras que reúnem vários padres.

Concelebrar é um padre presidir a celebração e os demais celebrarem conjuntamente um ofício religioso, neste caso, a missa. Cada um dos que concelebra também é chamado de cooficiante. Vale lembrar que a concelebração é a celebração da liturgia católica por mais de um sacerdote, um deles como o principal e os demais como concelebrantes.

Podem tomar parte na concelebração todos os que possuem o segundo e o terceiro grau do Sacramento da Ordem, portanto os diáconos não podem fazê-lo. Concelebram os sacerdotes de uma Diocese nas grandes missas presididas pelo Bispo, como a Crisma (*Sacrosanctum Concilium*, n. 41; Sagrada Congregação dos Ritos, *Eucharisticum mysterium*, 1967), e é tradição que os Cardeais, normalmente Bispos, concelebrem com o Papa as principais solenidades do ano litúrgico. Portanto, a concelebração, muitas vezes, é antes um dever do que um direito evocado.

Os bispos também concelebram, mas não podem fazê-lo em uma missa presidida por um sacerdote, pois, se um bispo estiver presente, ele será o presidente da celebração e não concelebrante. Havendo mais bispos, eles escolhem quem deles presidirá. Afirma a doutrina e a tradição da Igreja: "ao Bispo compete presidir a Eucaristia em suas comunidades" (Cerimonial dos Bispos, n. 175). Isso porque todos os Bispos participam do governo da Igreja universal, são a perfeita imagem de Cristo Sumo Sacerdote, sucessor dos apóstolos, e governam seu rebanho, sendo revestidos com a plenitude do Sacramento da Ordem. Isso ainda é mais claro quando se trata do Bispo diocesano: ele, mais do que qualquer outro Bispo, governa a diocese, como "vigário e legado do Cristo em comunhão e sob a autoridade do Romano Pontífice" (Cerimonial dos Bispos, n. 5). Ainda que um Bispo participe do governo universal da Igreja, é necessário estar em comunhão com o Papa para exercer licitamente esse poder. Assim, em uma diocese, tendo mais bispo, a prioridade em presidir a celebração é sempre do bispo daquela diocese, podendo ele delegar essa função a outro bispo, arcebispo ou cardeal. Assim, concelebrantes podem ser padres e bispos, exceto o Papa, porque ele é único. O Papa nunca será concelebrante em uma missa, exceto se for um papa emérito, como é o caso de Bento XVI.

O padre concelebrante, quando não houver diácono na missa presidida por outro sacerdote, ao proclamar o evangelho, não precisa pedir a bênção a quem preside. Só se pede a bênção quando a presidência for de um bispo.

Veja agora o que diz a Instrução Geral do Missal Romano sobre as missas concelebradas. Nas observações preliminares destes números, o documento afirma que a concelebração manifesta convenientemente a unidade do sacerdócio e do sacrifício, bem como a unidade de todo o Povo de Deus (n. 153). Depois vai indicar as permissões em relação a essa ação, ou seja, às missas concelebradas. Mostra as situações em que se evidenciam as missas concelebradas, como, por exemplo, na Quinta-feira da Semana Santa, tanto na missa da Crisma quanto na Missa vespertina, na missa de Concílios, reuniões de Bispos e Sínodos, na missa de bênção de um abade. Além disso, vai mostrar, em seguida, a quem compete julgar a oportunidade da concelebração, porém sempre com a licença do Bispo: na missa conventual ou na missa principal de igrejas e oratórios, quando o bem dos fiéis não exigir uma celebração individual de todos os sacerdotes presentes; nas missas e reuniões sacerdotais de qualquer tipo, seja de seculares seja de religiosos. Aqui o documento faz referência à Constituição sobre a liturgia, do Concílio Vaticano II, a *Sacrossanctum Concilum*, no n. 57. Nesse aspecto, a Instrução Geral do Missal Romano vai dizer que "onde houver grande número de presbíteros, o superior competente pode permitir que haja várias concelebrações no mesmo dia, mas em momentos sucessivos ou em lugares sagrados diversos" (n. 154). Outra orientação importante vem a seguir quando o referido documento dá liberdade ao Bispo, segundo as normas do direito, dirigir em sua diocese a disciplina da concelebração, inclusive em igrejas isentas e oratórios (n. 155). Ou seja, o bispo tem autoridade para colocar as normas para a concelebração em sua diocese.

Outra informação importante é a de que não se pode concelebrar depois que a missa iniciou (n. 156). Por exemplo, se é uma missa de ordenação, que comumente tem vários padres concelebrando e um ou mais padres chegam atrasados, isto é, depois que a missa teve início, eles não devem concelebrar. Isso vale para qualquer celebração, inclusive a da Quinta-feira Santa. Muitos padres desconhecem essa orientação da Igreja. Se o fiel leigo não deve chegar atrasado à missa, o padre concelebrante também não.

A Instrução Geral do Missal Romano enfatiza que se tenha um apreço particular com as celebrações em que os sacerdotes da diocese concelebram com o Bispo, como, por exemplo, a missa crismal da Quinta-feira Santa, ou por ocasião de Sínodos, ou da visita pastoral, entre outras (n. 157). Recomenda-se também a concelebração todas as vezes que os sacerdotes se reúnem com o bispo, como, por exemplo, por ocasião do retiro do clero, ou outros exercícios espirituais, ou algum encontro em que estejam reunidos o bispo e seu clero. Esse gesto, diz o documento, reforça a unidade do sacerdócio e da Igreja.

Outro esclarecimento que o documento traz é sobre a quantidade de vezes que se pode concelebrar no dia. Diz o texto: "por motivo especial, quer pela significação do rito, quer pela importância da festa, é permitido celebrar ou concelebrar mais vezes no mesmo dia" (n. 158). E, em seguida, mostra quais são esses casos ou essas situações: a) quem na Quinta-feira Santa celebrou ou concelebrou a missa crismal pode celebrar ou concelebrar a missa vespertina. Por exemplo, nas dioceses em que a missa crismal ocorre na Quinta-feira Santa pela manhã, que é o mais indicado, o padre que concelebrou nessa missa poderá celebrar ou concelebrar à noite a missa da instituição da eucaristia em sua paróquia, pois é a missa de abertura do tríduo pascal; b) quem celebrou ou concelebrou a primeira missa da noite da Páscoa pode celebrar ou concelebrar a segunda missa da Páscoa; c) no Natal do Senhor, todos os sacerdotes podem celebrar ou concelebrar três missas, contanto que sejam celebradas em suas horas próprias; d) quem concelebra com o Bispo ou seu delegado no Sínodo, na visita pastoral ou em reuniões de sacerdotes, pode, para o bem dos fiéis, celebrar outra missa. O mesmo vale, com as devidas ressalvas, para os encontros religiosos. Essas são orientações trazidas pelo referido documento no n. 158.

Lembra ainda o documento que as normas para as missas concelebradas, em suas várias modalidades, seguem as normas para a missa celebrada individualmente, observando o que o documento coloca a seguir (n. 159), como, por exemplo, se na missa concelebrada não houver nem diácono nem outros ministros, suas funções são desempenhadas por alguns dos concelebrantes (n. 160).

A seguir trago a participação e postura dos concelebrantes em cada parte da missa, conforme orientação da Instrução Geral do Missal Romano, a partir do número 161. Irei transcrever as principais orientações.

A primeira é a respeito dos paramentos e do local a se paramentar. Os paramentos dos concelebrantes são a alva, estola e casula, de preferência casulas iguais, porém distintas da casula que usará o presidente da celebração. Geralmente, as dioceses disponibilizam casulas idênticas para todos os presbíteros concelebrantes. O documento também afirma: "Se houver motivo justo, como grande número de concelebrantes e escassez de paramentos, podem os concelebrantes, exceto sempre o principal, dispensar a casula e usar apenas a estola sobre a alva" (n. 161). Essa é uma dúvida que muitos têm na hora de participar de missa concelebrada: se usa ou não casula. Vale lembrar que em missas com poucos padres concelebrando, se for usar casula, que ela não seja mais vistosa que a do presidente da celebração. É importante que o padre que concelebra tenha esse bom senso. Quanto ao local para se paramentar, o mais adequado é a sacristia, porém, se houver muitos padres e o espaço se tornar pequeno, mesmo que seja importante todos se paramentarem juntos e no mesmo local, poder-se-á fazê-lo em outro lugar. Depois de todos paramentados, "estando tudo preparado, faz-se como de costume a procissão pela igreja até o altar. Os presbíteros concelebrantes seguem à frente do celebrante principal" (n. 162). É bom indicar aqui a postura durante a procissão. Caminhar dois a dois, sincronizada e harmonicamente, com as mãos postas. A procissão precisa ser organizada, e o cerimoniário deve cuidar desse detalhe. Evitar, durante a procissão, parar para cumprimentar as pessoas nos bancos; cumprimente-as discretamente, sem interromper ou atrapalhar o bom andamento da procissão. Ao chegar diante do presbitério, fazer, de dois em dois, uma leve inclinação, seguindo um para o lado direito e o outro para o lado esquerdo do altar. Diante do altar, inclinar juntos para beijar o altar, dirigir-se para seu lugar e aguardar o presidente da celebração que, se oportuno, incensará o altar antes de dar início à missa (n. 162-163).

Estando em seus devidos lugares, os padres concelebrantes seguirão os movimentos do presidente da celebração, conforme a seguinte indicação: "Durante a liturgia da Palavra, os concelebrantes ocupam seus lugares, sentando-se e levantando-se com o presidente da celebração" (n.164). A proclamação do evangelho é feita por um diácono, se houver, ou por um padre concelebrante, ou ainda pelo presidente da celebração. Em missas concelebradas, em que não há diáconos, pede-se o bom senso de a proclamação do evangelho ser feita por um dos padres concelebrantes. A homilia deve ser feita em primeiro lugar pelo presidente da celebração, que poderá delegar um padre concelebrante para proferi-la, conforme indica a Instrução Geral do Missal Romano (n. 165): "A homilia normalmente será feita pelo celebrante principal ou por um dos concelebrantes". Quem preside deve evitar pedir de última hora que um concelebrante faça a homilia, pois é preciso que se tenha o mínimo de preparação prévia para isso, nem sempre os padres concelebrantes se prepararam adequadamente para fazer a homilia.

Na liturgia Eucarística, "o celebrante principal realiza os ritos do ofertório, enquanto os outros concelebrantes permanecem nos respectivos lugares" (n. 166). Ele poderá delegar a recepção das oferendas e a preparação do altar a um diácono, se houver, ou a um padre concelebrante, porém os ritos de apresentação serão sempre feitos pelo celebrante principal.

Em que momento os concelebrantes se aproximam do altar na liturgia Eucarística? Há os que se aproximam após o celebrante terminar de proferir o Prefácio, mas a Instrução Geral do Missal Romano diz o seguinte: "Concluídos os ritos do ofertório, os concelebrantes aproximam-se do altar e colocam-se em torno dele, mas de tal forma que não dificultem a realização dos ritos e a visão das cerimônias sagradas por parte dos fiéis, nem impeçam o acesso do diácono ao altar ao exercer sua função" (n. 167). É importante que os concelebrantes tenham essa percepção para não obstruírem nem a visão nem as funções, inclusive a dos demais servidores do altar.

Outra recomendação importante é sobre o modo de proferir a oração eucarística pelos concelebrantes. Assim orienta o Missal Romano: "O celebrante principal diz o Prefácio, mas o Santo é recitado ou cantado por todos os concelebrantes junto com o povo e o coral" (n. 168). Orienta também que, terminado o Santo, os concelebrantes prossigam a Oração eucarística na maneira como se determina as instruções. Só o celebrante principal fará os gestos indicados, caso não se determine outra coisa (n. 169).

Sobre as partes que são proferidas por todos os concelebrantes e como proferi-las assim diz o documento: "As partes que são proferidas por todos os concelebrantes, quando forem recitadas, sejam ditas em voz tão baixa de tal modo que se ouça claramente a voz do celebrante principal. Dessa forma o povo entenderá mais facilmente os textos" (n. 170). É importante que os concelebrantes tenham esse cuidado, pois pode ocorrer de a voz de um concelebrante, ou de todos, sobressair-se à voz do celebrante principal, e isso liturgicamente não é correto.

Na hora da consagração, todos os concelebrantes estenderão a mão direita em direção às espécies, que estão sendo consagradas, e repetirão juntos a fórmula da consagração, porém, como dito antes, em voz baixa. A Instrução Geral do Missal Romano indica cada momento da participação dos concelebrantes, conforme a Oração Eucarística, começando pela Oração Eucarística I, ou Cânon Romano. Sugiro que se consulte o documento para ver essas orientações. Vou destacar aqui apenas algumas dadas para a Oração Eucarística II, que comumente é a mais usada. Nessa Oração, e nas demais, as intercessões pelos vivos e pelos mortos podem ser confiadas a um ou dois dos concelebrantes, e cada um, de braços abertos, recita sozinho sua parte (n. 181). Destaco a expressão "podem ser confiadas por não ser obrigatório o celebrante principal conferir essas partes aos concelebrantes, embora seja bom esse gesto de participação dos demais na Oração Eucarística. Além disso, pode-se também repassar a mais de dois concelebrantes, se houver. Quem orienta esse momento é o cerimoniário ou acólito da celebração.

Durante o Cordeiro de Deus, alguns dos concelebrantes podem auxiliar o celebrante principal a partir as hóstias para a comunhão dos concelebrantes ou do povo (n. 195).

Sobre como devem receber a comunhão os concelebrantes o documento assim orienta: "[...] Um após outro, os concelebrantes se aproximam do centro do altar, fazem genuflexão e tomam do altar, com reverência, o Corpo de Cristo; segurando-o com a mão direita e colocando por baixo a esquerda, retornam a seus lugares. Podem, no entanto, permanecer nos respectivos lugares e tomar o Corpo de Cristo da patena que o celebrante principal, ou um ou vários dos concelebrantes seguram, passando diante deles; ou então passam a patena de um a outro até o último" (n. 197). Esse procedimento se faz necessário quando há muitos concelebrantes, como, por exemplo, na missa crismal da Quinta-feira Santa. Quando há poucos, eles recebem antes a partícula, eleva-a junto com o celebrante principal e só comunga depois que ele disser: "Felizes os convidados para a Ceia do Senhor. Eis o cordeiro de Deus, que tira o pecado do mundo". O celebrante principal comunga e, em seguida, abre espaço para que os demais se aproximem e comunguem, caso a comunhão seja sob duas espécies.

Essas são algumas das recomendações da Instrução Geral do Missal Romano aos concelebrantes. Há muitas outras, mas creio que de momento essas são suficientes para que esses servidores do altar participem bem da celebração.

13

PRESIDENTE DA CELEBRAÇÃO OU CELEBRANTE PRINCIPAL

Presidente da celebração, ou celebrante principal, é aquele que preside a celebração. O Missal Romano usa o termo *celebrante principal*, mas não é incorreto usar presidente da celebração, porque a palavra vem do ato de presidir, dirigir, conduzir a celebração. *Presidir* é palavra de origem latina (*praesidere*) que significa estar à frente de, ter a presidência, ocupar o primeiro lugar. Presidir uma celebração litúrgica é assumir, como principal responsável, a condução e a animação de determinado ato litúrgico. Portanto usarei aqui o termo presidente da celebração para me referir àquele que preside a missa.

Não se trata de ensinar como se preside uma celebração, mas de lembrar como os procedimentos litúrgicos ajudam em seu desempenho. Pode-se ter uma exímia equipe de liturgia e celebração na paróquia, porém, se quem presidir a celebração não tiver respeito com as normas litúrgicas e com o que a equipe de liturgia preparou, ignorando-os e fazendo como bem entende, nada adianta o trabalho dessa equipe. Assim sendo, é fundamental que quem preside a celebração esteja em sintonia com toda a equipe e respeite as normas litúrgicas, as rubricas do Missal Romano, enfim, as orientações da Igreja, seja ele um padre ou um bispo. À vista disso, o objetivo deste capítulo é recordar alguns desses procedimentos e mostrar o quanto eles são importantes para que a celebração cumpra aquilo a que ela se propõe.

A primeira recomendação é respeitar as rubricas da missa. Parece óbvio dizer isso, mas não é, pois há padres que não seguem as rubricas indicadas no Missal Romano e presidem a celebração conforme querem, sem se preocuparem se o que estão fazendo é correto ou não. As rubricas não estão no livro por acaso, elas são indicações preciosas e conferem à celebração a harmonia que deve ter, de modo que o conjunto da Missa, e quem dela participa, viva os mistérios celebrados. Cada gesto ou palavra possui significados tão importantes que não podem ser desmerecidos, ou negligenciados, por falta de conhecimento, ou por qualquer outra razão, pois ajudam a compor o mistério da fé. Não respeitá-los significa não respeitar a própria Celebração Eucarística, pois ela consiste em um conjunto e não apenas em algumas partes.

Desse modo, é importante que aquele que preside a missa tenha sintonia com a equipe de celebração e com todos os que estão servindo o altar. Se houver algo fora da liturgia, ou inconveniente, deve conversar antes com quem coordena a equipe. Para poder agir no momento certo e colaborar para que cada ação seja executada conforme o planejado, é preciso que quem preside a missa saiba com antecedência se a equipe preparou algo de diferente, como, por exemplo, algum canto de ação de graças, aspersão em algum momento, entrada de algum símbolo etc. Desmotiva a equipe quando ela se reúne previamente para preparar a celebração e, no momento de celebrar, quem preside não leva em conta o que está programado, fazendo as coisas a sua maneira. Também é desagradável quando o presidente da celebração não é informado sobre o que vai acontecer além daquilo que está previsto no rito da Missa. Por isso é importante que haja sempre sintonia entre quem preside e a equipe de celebração. Assim sendo, procure se informar com a equipe sobre o que ela preparou e respeitar o que foi preparado, a menos que seja algo que não condiga com a liturgia. Para evitar abusos, reúna-se antes com a equipe e oriente-a, caso ela não tenha a formação ou informação suficiente para preparar a celebração. Sugiro que seja feito um roteiro, simplificado, para o presidente da celebração. Assim ele saberá o que a equipe preparou e executará no momento certo, principalmente quando se trata de celebração solene, com símbolos e rituais que complementam o que está previsto no Missal Romano.

Quando possível, é bom que o presidente da celebração chegue com alguma antecedência. Devido às inúmeras atividades dos padres e bispos, é comum que aconteça de o presidente da celebração chegar em cima da hora para a missa. Se isso acontecer, algumas situações poderão prejudicar o bom andamento da celebração, como, por exemplo: faltar tempo para verificar o roteiro da missa preparada pela equipe, para se concentrar e rezar antes de iniciar a celebração; ter dificuldade de falar com as pessoas, de cumprimentá-las, de recebê-las na porta; ter pouco tempo para se paramentar; enfim, poderá ocorrer uma série de situações que desqualificarão a celebração, gerando estresse que poderia ser evitado se tivessem sido antecipadas as ações. Assim sendo, faça o possível para chegar ao local da celebração pelo menos uns vinte minutos antes de ela começar.

Outro procedimento importante é rezar com a equipe de celebração e com os que vão servir o altar. Uns minutos antes de dar início à Missa, reúna a equipe na sacristia, ou em outro local adequado, e rezem juntos. É muito importante ter um momento de oração com a equipe antes do início da missa. Esse ato confere segurança a todos e prepara para a Celebração Eucarística.

Vou repassar alguns procedimentos de quem preside, nas várias partes da missa, começando pela conduta na sacristia e na procissão de entrada. Na sacristia, lugar de se paramentar, é também lugar de silêncio, de oração e de se preparar em todos os sentidos para a celebração. Assim sendo, é bom que o celebrante principal também colabore para que reine na sacristia esse ambiente de oração. Quanto à procissão de entrada, recomenda-se que o presidente esteja centrado e evite atitudes exageradas em relação às pessoas que estão nos bancos. Elas poderão ser cumprimentadas, porém, sem acenos escandalosos, sem pegar nas mãos, sem acenar de modo que chame atenção, sem outros gestos que interfiram na discrição do ato processional. Essas são atitudes próprias de candidatos a cargos políticos e artistas que fazem isso para serem vistos e para animarem um espetáculo. Quanto mais discreta for sua conduta nesse momento, mais ela conferirá seriedade à celebração, possibilitando a concentração dos fiéis. Quem preside é sempre o último da procissão. Ao chegar diante do presbitério (e da cruz ali exposta) deve-se fazer a vênia, ou reverência, conforme indicado na Instrução Geral do Missal Romano, isto é, com uma leve inclinação (IGMR, n. 84). Caso haja ao lado padres concelebrantes, ou outros ministros, estes podem fazer a vênia antes, no momento que chegarem diante do altar ou junto com o celebrante principal, de modo sincronizado e harmônico. Ao chegarem junto do altar, o presidente e os padres concelebrantes beijam-no, e os demais servidores fazem apenas a vênia ou reverência.

Quem preside deve também se preocupar com sua conduta durante a celebração. A conduta do presidente é algo muito importante, pois revela sua fé e seu respeito com o sagrado. Todos os procedimentos devem ser feitos com a máxima atenção e o máximo de cuidado, sem deixar transparecer qualquer atitude de descaso ou de rotina. Quando quem preside age de modo mecânico e automático, como se os rituais não tivessem importância, ele desqualifica o sagrado, banalizando-o. Deve haver respeito com as orientações da sagrada liturgia, e todos os gestos, todas as palavras e todos os procedimentos devem ser condizentes com as orientações do Missal Romano, conforme indicam as rubricas nele contidas. Além de seguir as rubricas, deve haver uma postura de fé e de compenetração na pessoa daquele que preside a celebração. Ele é responsável por um ritual sagrado e deve fazer jus à função que desempenha, pois a assembleia segue aquele que conduz a celebração. Se seu procedimento for inadequado, ou estiver em desacordo com as orientações da Igreja, a assembleia tenderá a agir da mesma maneira. Por exemplo, há casos de padres que convidam a assembleia a rezar as orações que são exclusivas daquele que preside, ou que convidam os presentes a estenderem a mão na hora da consagração, como se estivessem consagrando com o padre, ou que incentivam manifestações, como, por exemplo, palmas ou danças durante a missa, que são totalmente inadequadas para determinados momentos. Condutas dessa e de outra natureza que não condizem com as orientações litúrgicas confundem os fiéis e desqualificam o sagrado.

Ele deve cuidar também de seus paramentos, no sentido de serem adequados e estarem asseados. Os paramentos usados pelo presidente da celebração são: alva, estola e casula. Essas duas últimas na cor correspondente ao tempo litúrgico. A casula se veste por cima da alva e da estola. A alva pode ser apertada à cintura pelo cíngulo, a não ser que, por sua forma, ajuste-se ao corpo mesmo sem o cíngulo, conforme indica o Cerimonial dos Bispos (n. 65). Esse mesmo documento recomenda que, "antes de revestir a alva, se esta não esconder perfeitamente o traje comum à altura do pescoço, deve usar o amito". Lembra que "não se pode usar a sobrepeliz em vez da alva, quando se tiver de vestir a casula" (IGMR, n. 298). A sobrepeliz deve usar-se sempre por cima do hábito talar, recomenda o cerimonial dos Bispos (n. 65).

Ainda sobre as vestimentas do presidente da celebração, trago algumas informações sobre elas, a começar pela casula. A casula é uma das vestimentas do sacerdote, obrigatória para quem preside a missa. É confeccionada com uma abertura para a cabeça para se usar sobre a alva e estola, cobrindo até os joelhos. Ela é utilizada sobre a alva e a estola durante a celebração da Missa ou outros sacramentos, como, por exemplo, batismo, crisma, matrimônio. A Casula pode ter algumas variações e se divide entre Casula Romana e Casula Gótica (geralmente somente essas duas). A Casula Romana é uma espécie de "colete", que comumente é ornado com bordados e brocados dourados. Os motivos dos bordados e demais ornamentos variam de acordo com determinados propósitos ou tempos litúrgicos. A Casula Gótica é arredondada, em forma de "planeta", e cobre o corpo inteiro do sacerdote. Ela possui um galão ou uns bordados, que representam várias imagens convenientes ao Mistério Litúrgico. Esse modelo é o mais usual entre os sacerdotes atualmente. Por sua forma arredondada, tem como significado tirar o Sacerdote do mundo terreno e adentrá-lo ao mundo espiritual. Suas cores variam de acordo com o tempo litúrgico, como, por exemplo, preta (celebrações fúnebres); roxa (celebrações fúnebres e tempo da Quaresma e advento); verde (tempo comum); rósea (3º domingo do advento – *gaudete* – e 4º da

Quaresma – *laetare*); vermelha (mártires, Sexta-feira Santa entre outras); branca (solenidades e festas). Há outras cores paralitúrgicas, como, por exemplo, amarela, que pode ser usada na páscoa; azul, em celebrações de Nossa Senhora. A casula dourada substitui a de cor branca e é usada também em ocasiões de festas e solenidades.

O amito também faz parte dos paramentos litúrgicos, mas esse não é mais obrigatório. Para os que não sabem, o amito ou *amicto*, do latim *amicere*, significa envolver, cobrir, e é uma das vestes sagradas usadas antigamente na liturgia. Atualmente poucos o usam. Ele consiste em um retângulo branco, normalmente de linho ou algodão, com uma cruz ao meio, tendo fitas ou cordões em duas pontas. Ele é colocado à volta do pescoço e atado no peito com as fitas. Sua função é para cobrir as vestes de uso comum que o sacerdote usa por baixo, por essa razão ele é um dos primeiros paramentos a se revestir. Coloca-se o amito antes da túnica ou alva. A Instrução Geral do Missal Romano diz: "Antes de vestir a alva, põe-se o amito, caso ela não encubra completamente as vestes comuns que circundam o pescoço" (IGMR, n. 298). Ao colocá-lo sobre a cabeça, simboliza o capacete da fé com que o sacerdote está armado contra as tentações. O amito envolve o pescoço, protegendo-o dos acidentes do ar e impedindo que as vestes civis apareçam. Ele significa também a moderação da voz, a prudência e discrição nas palavras. Ao vesti-lo, o sacerdote diz: "Senhor, colocai sobre minha cabeça o capacete da salvação, para que possa repelir todos os assaltos diabólicos".

A estola é outra parte obrigatória dos paramentos litúrgicos. Ela é um paramento litúrgico essencial do sacerdote e sem ela não se é permitido celebrar a Missa nem ouvir confissões. A estola simboliza a dignidade sacerdotal e é usada em todas as celebrações litúrgicas. É constituída por uma faixa de pano, de tecido digno, de 1/5 a 2/0 metros de comprimento e de 3 a 4 cm de largura, de acordo com a altura do sacerdote. Há também estolas curtas, modelo praticamente em desuso, geralmente usadas para atender confissões. As extremidades da estola podem ser retas ou ampliadas para fora, ter duas ou três pontas. O centro da estola é desgastado em torno da parte de trás do pescoço e as duas extremidades pendem paralelas umas às outras na frente, ligadas ou soltas. Os diáconos usam estola transversal. Ela é quase sempre decorada de alguma forma, geralmente com uma cruz ou uns desenhos/bordados referentes ao tempo litúrgico. Muitas vezes, é decorada com galões contrastantes com bordados e franja. Um pedaço de linho branco ou rendas podem ser costurados na parte de trás do colarinho como um guarda de suor. Juntamente com o cíngulo e também o manípulo (extinto em algumas localidades), a estola simboliza os laços e as algemas com as quais Jesus estava vinculado durante sua Paixão. Também representa o poder e a autoridade do sacerdote na celebração litúrgica. Para alguns sacramentos, usam-se cores apropriadas na estola, como, por exemplo, roxa para confissões e celebrações de exéquias; branca para batismo e primeiras eucaristias; vermelha para a crisma. As cores litúrgicas utilizadas para a estola são indicadas pela Igreja e estão na Instrução Geral do Missal Romano (n. 308): branca ou dourada (festas de Nosso Senhor, Tempo do Natal, Tempo pascal, festas de Nossa Senhora, Dedicação de uma igreja ou de um altar e festas dos santos não mártires); vermelha (Domingo de Ramos, Sexta-feira Santa, Domingo de Pentecostes, festas de santos mártires e missas votivas do Espírito Santo); verde (Tempo Comum – 34 semanas); rósea ou rosa (domingos da alegria, que são o *Gaudete* – 3º Domingo do Advento – e o *Laetare* – 4º Domingo da Quaresma); roxa (tempos do Advento e da Quaresma, missas dos fiéis defuntos); azul (memórias de Nossa Senhora); preta (exéquias e funerais).

O cíngulo também é parte dos paramentos. Embora não seja obrigatório usá-lo, é importante saber um pouco sobre ele. Cíngulo, que vem do latim *cingulum*, cintura, é o cordão com o qual o sacerdote aperta a alva na cintura e que os padres e bispos usam. Seu uso foi aprovado no século IX, seu caráter litúrgico aparece nas orações: *Cinge-me, ó Senhor, com o cinto da pureza*, e ele simboliza a vigilância espiritual. Até o final da Idade Média, era feito com fitas de seda com aplicações e bordados; hoje é simples, feito de tecido de algodão ou seda e deve ser abençoado para seu uso. Algumas ordens religiosas recebem uma bênção em circunstâncias especiais, como a do Cordão de S. Francisco e o cíngulo de Santo Agostinho, indulgenciados pela Igreja por indicar profissão de fidelidade e compromisso a um Instituto particular. Assim, o cíngulo é o cordão para amarrar, prender a alva ao corpo, facilitando o andar ("Cingi vossos rins" – Lc 12,35). Ele é um cordão, acessório da veste litúrgica, usado em volta ou acima da cintura. Até meados da Idade Antiga e da Idade Média, era uma faixa com seis ou sete centímetros de largura, feita de linho. O formato de cordão só se popularizou depois do século XV; hoje é de uso recorrente. Atualmente, o cíngulo é um cordão de 4 metros com duas borlas com franjas nas pontas e pode seguir as cores do tempo litúrgico; o mais usual é o cíngulo branco. Ele pode ser usado por ministros que portam a alva, (acólitos, leitores, coroinhas, e clérigos). É posto sempre sobre a alva, em volta da cintura. Quando se usa estola, costuma-se prendê-la ao cíngulo. Ao vesti-lo, o sacerdote reza a seguinte oração: *Cingi-me, Senhor, com o cíngulo da pureza, e extingui em meus rins o fogo da paixão, para que resida em mim a virtude da continência e da castidade.* Cingir (amarrar) os rins tem também o significado do serviço. Cingir os rins com o cíngulo é uma demonstração de serviço; aquele que vai servir. A alva também é outra peça fundamental dos paramentos litúrgicos e de uso obrigatório. Ela corresponde a uma túnica de linho branco, ou outro tecido, que desce até os pés ou calcanhar. Por essa razão é conhecida também como veste talar. Lembra a veste nupcial exigida por Cristo (Mt 22,12). É usada pelos padres e diáconos, e também por seminaristas. Quando usada por padres e diáconos, é mais conhecida como túnica. O termo "alva" é referente a sua cor branca, embora haja túnicas beges e cinza claras, não são recomendadas na liturgia. Quem preside deve também cuidar dos calçados. Deve-se usar sempre sapato social, de preferência na cor preta. Evitar sapato casual, com cores chamativas ou modelos exóticos, e nunca usar durante a celebração chinelos, sandálias ou tênis. O calçado deve estar sempre limpo, polido e em bom estado. As cores das meias devem ser correspondentes à cor do sapato, isto é, pretas. O relaxo no trajar, seja nas vestes civis, paramentos ou calçados, pode revelar menosprezo com a própria celebração e desencanto com o sacerdócio. É essa a mensagem subliminar que o presidente da celebração passa para seus fiéis quando não cuida de suas vestes e de seus calçados. Como foi citado acima, o cuidado com as vestes revela um sacerdote zeloso com as coisas sagradas, que respeita e valoriza seu ministério. Assim sendo, deve-se cuidar para não usar vestes surradas, amassadas ou em mau estado de conservação. O mesmo vale para os demais paramentos (estolas, casulas, vestes civis e calçados). Há quem pense que celebrar vestido com roupas velhas e amassadas revela humildade, despojamento e opção pelos pobres, mas não é bem essa a imagem que fica ou a mensagem subliminar que transmite. Quem usa paramentos sem conservação revela ser uma pessoa relaxada, pouco zelosa, desencantada com o ministério e um tanto quanto asquerosa, o que afasta as pessoas em vez de aproximá-las. É preciso também cuidar para não cair nos extremos e usar paramentos que ostentam luxo e riqueza, isto é, apenas a vaidade do sacerdote, ou vestes exageradas, que foram abolidas ou facultadas com o Concílio Vaticano II. Procure sempre o equilíbrio na hora de usar os paramentos. Prime pela simplicidade e pelo zelo litúrgico, mantendo os paramentos sempre limpos e bem cuidados, sem exageros de qualquer natureza.

Se cuidar dos paramentos é um procedimento importante, os cuidados pessoais também o são. Estes consistem, entre outras coisas, em fazer higiene pessoal e bucal, cuidar da aparência, do físico e da mente. É desagradável atender as pessoas, ou celebrar, com roupas cheirando suor, com cabelos malcuidados e exalando mau hálito. São coisas simples, que se resolvem facilmente e que são importantes para quem lida com o sagrado e com as pessoas. Além disso, vista-se de modo adequado, com roupas civis sempre limpas. Cuide da saúde física, consultando periodicamente médicos e estando atento para a saúde mental, algo delicado e de difícil percepção da própria pessoa. Não menospreze o alerta das pessoas em relação a esse assunto. Às vezes, determinados comportamentos podem revelar problemas psicológicos mais sérios que careçam da ajuda de um profissional.

Outro procedimento fundamental de quem preside uma missa é o acolhimento. É importante que o presidente da celebração tenha uma conduta acolhedora desde a procissão de entrada até a procissão final, e em todos os outros momentos. Acolher significa, entre outras coisas, olhar para as pessoas, tratá-las com discrição, não chamar a atenção de membros da equipe de celebração, ou de qualquer outra pessoa, com broncas ou qualquer outro procedimento que deponha contra o bom acolhimento. Se algo não deu certo durante a missa, encontre um momento adequado para conversar sobre o ocorrido, mas nunca interrompa a celebração para corrigir as pessoas. Caso seja necessário fazer isso, encontre a maneira mais discreta possível, sem que a assembleia perceba que há algo de errado. Dê atenção às pessoas que procuram o padre antes ou depois da missa. Se não tiver tempo de ouvi-las, procure marcar com elas outro momento, mas não permita que saiam com a impressão de não ter sido ouvidas, ou de ter sido ignoradas ou maltratadas pelo padre. Faça, no início da missa, um acolhimento caloroso, porém sem se estender demasiadamente. No início da missa o ideal é colocar, com breves palavras, a temática principal da celebração, sem antecipar a homilia.

Quem preside deve também propiciar momentos de silêncio, ou pausa durante a celebração, pois é ele quem dá o ritmo da celebração, com todos os seus ritos e símbolos. Portanto procure respeitar os momentos de silêncio. Se o presidente da celebração não proporciona esses momentos, a assembleia, ou os demais servidores do altar, não irão fazê-lo nem percebê-lo, o que empobrece a celebração. Entre os momentos que se pede um tempo de silêncio na missa, estão: antes do ato penitencial, quando o sacerdote convida os fiéis à penitência (após um momento de silêncio, o celebrante principal propõe as invocações apropriadas, como, por exemplo, o *Kyrie eleison*, ou outra semelhante); entre o anúncio do "oremos" e a oração do dia, ou da coleta (assim diz o Missal Romano: "terminado o hino, de mãos unidas, o sacerdote diz 'oremos', e todos oram em silêncio, por algum tempo"); após a proclamação das leituras, é aconselhável um momento de silêncio para meditação; é fundamental um momento de silêncio durante a consagração, após a fração do pão, e, sobretudo, pós-comunhão, quando se recomenda guardar um momento de silêncio. Poderá haver outros momentos, mas esses são fundamentais.

O silêncio possibilita a concentração. Parece óbvio recomendar concentração para o presidente da celebração, mas é preciso reforçar essa atitude tão nobre, porque não é incomum o padre que preside a missa esquecer, ou pular, partes do ritual e até da consagração, por descuido ou desatenção. Por exemplo, as folhas do Missal podem colar umas nas outras, e quem preside, ou seu ajudante, virar mais de uma página, acarretando a omissão de algumas partes. Se ele não estiver bem atento, essa falha poderá lhe passar despercebida. Assim sendo, evite desviar a atenção por pensamentos alheios ao que está ocorrendo no momento; evite se preocupar com a assembleia, ou com a equipe de celebração e descuidar dos detalhes do ritual; pronuncie cada palavra de modo que todos ouçam e entendam, sem pressa ou de qualquer jeito, como se estivesse lendo algo sem importância. Dê vida ao texto, principalmente aos da Oração Eucarística.

Outro cuidado que se deve ter é com a homilia. O papa Francisco tem insistido nisso, e os documentos da Igreja no Brasil também. Por essa razão, pede-se que quem preside prepare bem a homilia. Evite presidir uma celebração sem ter antes preparado aquilo que será dito durante a homilia. Assim, evita-se dizer coisas que não tenham a ver com a celebração. Homilias feitas de improviso desqualificam a celebração. Além de prepará-las bem, calcule o tempo para não se alongar demasiadamente. Elas não devem passar de doze minutos. O tempo ideal de uma homilia dominical, solenidades e festas varia de doze a quinze minutos. Durante a semana, a homilia é facultativa, mas, se a fizer, que não ultrapasse cinco minutos. Quando uma homilia ultrapassa os quinze minutos, ela se torna cansativa, além de não mais prender a atenção das pessoas. Lembre-se: homilia não é momento para desabafos pessoais ou críticas a quem quer que seja; não é hora de dar aula de Bíblia, ou de qualquer outro assunto, nem de fazer perguntas ou colocações que possam constranger os fiéis. É uma conversa familiar que não deve fugir do tema da celebração, sempre tendo presente as leituras bíblicas do dia e o contexto da celebração. Vale lembrar também que a homilia deve ser proferida da mesa da Palavra.

14

OUTROS SERVIDORES DE ALTAR

Além das funções supracitadas, há outros servidores de altar que fazem parte das equipes de celebração. Esses, geralmente, atuam em Missas solenes, ou Missas com o Bispo. Entre eles estão o baculífero, o ceroferário, o librífero, o mitrífero. Vamos ver resumidamente cada um desses servidores de altar. Antes, porém, lembro que essas funções podem ser desempenhadas por um acólito ou coroinha, ou por alguém que faça parte da celebração apenas para executar uma dessas funções.

O baculífero é quem leva o báculo do bispo, ficando atrás deste nas procissões de entrada e saída da Missa. Durante a Missa, o bispo usa habitualmente o báculo nas procissões de entrada e saída, para ouvir a leitura do Evangelho e fazer a homilia. Quando ele não está segurando o báculo, este é entregue ao baculífero. Para conhecer mais sobre o exercício dessa função, sugiro que o baculífero veja as orientações do Cerimonial dos Bispos.

O ceroferário é aquele que, na procissão ou em outras solenidades religiosas, leva o Círio pascal, outras velas, ou as tochas, se houver. Ele também tem a função de cuidar das velas do altar. Porém, muitas vezes, sua atuação fica restrita apenas durante a celebração.

O librífero tem esse nome porque lhe é atribuída a função de preparar os livros litúrgicos para as celebrações ou carregar o livro sagrado (Bíblia ou Lecionário) durante a procissão de entrada na Missa. Responsabilidades do librífero: 1) preparar, no Lecionário, as leituras da Missa, separando-as pelas fitas, e deixar o Lecionário no ambão, depois de preparado, ou na sacristia, se ele for entrar em procissão; preparar o Missal, podendo seguir as cores das fitas conforme escolha, e deixá-lo na credência da sacristia ou onde irá iniciar a procissão de entrada; preparar a leitura do evangelho se, em uma Missa solene, for usado o Evangeliário, e deixá-lo ou sobre o altar ou na credência junto ao Missal, se for entrar em procissão.

As atribuições do librífero durante a missa serão: na procissão de entrada, caminhar atrás dos acólitos, segurando o Missal um pouco elevado. Chegando ao altar, fazer pequena inclinação e ir para seu lugar no presbitério. Após o sinal da cruz, ato penitencial e canto do glória, apresentar o Missal, abrindo-o na página correspondente, para o sacerdote rezar a Oração da Coleta (Oremos). Terminada a Oração, o librífero deverá fechar o Missal e retornar a seu lugar – deve estar atento e esperar completar totalmente a oração; como referência, o sacerdote irá tocar no missal como sinal para que volte a seu lugar no presbitério. No momento do ofertório, quando o sacerdote descer do presbitério para receber as oferendas, o librífero deverá pegar a almofada ou suporte na credência e os colocar sobre o altar para repousar o Missal. Ele deve deixá-lo aberto na fita correspondente para o sacerdote rezar a oração sobre as oferendas. No momento da comunhão, quando o sacerdote descer do presbitério para distribuir a Eucaristia, o librífero deverá retirar do altar o Missal e a almofada ou o suporte e os deixar na credência. Depois de o sacerdote distribuir a Eucaristia, retornar ao altar, purificar os vasos sagrados, o librífero irá apresentar o Missal, abrindo-o na fita correspondente para o sacerdote rezar a oração depois da comunhão. Terminada a oração, o librífero deverá fechar o Missal e retornar a seu lugar. Após os avisos paroquiais, no momento da bênção final, o librífero deverá apresentar novamente o Missal ao sacerdote, abrir na fita correspondente, para a oração antes da bênção. Após a bênção, retornar a seu lugar. Ao final da missa, depois de o sacerdote reverenciar o altar com o beijo, o librífero deverá descer com ele do presbitério, para juntos fazerem a reverência ao altar, acompanhar a procissão de saída da mesma forma que na procissão de entrada. Depois da despedida na sacristia, o librífero deverá guardar o Missal, Lecionário e, quando houver, também o Evangeliário no devido lugar.

O mitrífero é a pessoa que conduz a mitra do bispo em uma celebração. Geralmente, ele fica atrás do bispo durante procissão de entrada e saída da celebração. Em uma celebração, o bispo usa a mitra nos seguintes momentos: nas procissões de entrada e saída, quando está sentado, quando faz a homilia, quando faz as saudações, as alocuções, os avisos e quando abençoa solenemente o povo.

Essas são algumas das outras funções que são desempenhadas durante a Missa. Elas devem ser executadas com esmero e dedicação. A esses, como aos demais, são pedidas posturas espirituais, mesmo que sua função seja um tanto quanto técnica.

15

VOCABULÁRIO LITÚRGICO DOS SERVIDORES DE ALTAR

ACÓLITO: aquele que serve os sacerdotes em celebrações litúrgicas. Vale lembrar que antes de se tornar diácono, os candidatos ao presbiterato devem receber da Igreja, oficialmente, os ministérios do Leitorado e do Acolitato. É, portanto, aquele que auxilia mais de perto o presidente da celebração. Nas Paróquias onde não há esse ministério, os acólitos podem ser escolhidos dentre os ministros extraordinários da Sagrada Comunhão Eucarística. O acolitato corresponde a um dos graus menores do sacramento da ordem. O seminarista, ou leigo, antes de receber o sacramento da ordem do diaconato, recebe antes esse grau menor, chamado de acolitato, tornando-se acólito.

ALFAIAS LITÚRGICAS: a palavra alfaia significa roupa, utensílio, enfeite. Alfaias litúrgicas é o nome que se dá ao conjunto dos objetos litúrgicos usados nas celebrações, são os tecidos usados na Igreja, que vão desde os paramentos do sacerdote (casula, túnica, batina, estola etc.) até as peças, como, por exemplo, corporal, pala, sanguinho, manustérgio e toalhas do altar. Os demais objetos, como, cálice, patena, âmbula, galhetas, lavabo, entre outros, são vasos sagrados. A *sacrosanctum Concilium* afirma: "Com especial zelo a Igreja cuidou que as sagradas alfaias servissem digna e belamente ao decoro do culto, admitindo aquelas mudanças ou na matéria, ou na forma, ou na ornamentação que o progresso da técnica da arte trouxe no decorrer dos tempos" (SC 122c). Aqui, pode-se ver como a reforma conciliar do Vaticano II se preocupou com a dignidade das coisas sagradas. As alfaias devem, pois, manifestar a dignidade do culto, que, como expressão viva de fé, identifica-se com a natureza de Deus, a quem o povo, congregado pelo Filho e na luz do Espírito Santo, adora "em espírito e verdade" (Cf. Jo 4,23-24).

ALTAR ou ARA: mesa em que se celebra a eucaristia. Na Igreja Católica, altar é a peça mais importante do templo e, por essa razão, pede-se que se faça a vênia ou reverência toda vez que se passar diante dele. É chamado também de Ara, que, entre os pagãos, corresponde a uma mesa de pedra em que se faziam sacrifícios. Desde a antiguidade, uma mesa especial era consagrada para os sacrifícios religiosos e nela as vítimas (hóstias) eram imoladas. Daí a origem da expressão "pedra d'ara", que corresponde a uma pequena cavidade, no centro do altar, em que se coloca uma pedra, comumente de mármore, que encerra dentro de si relíquias dos santos mártires, recordando o costume primitivo cristão de celebrar o santo sacrifício do Calvário sobre o túmulo dos mártires e suas preciosas relíquias. Ela tem um orifício onde se colocam fragmentos dos ossos de algum santo; depois de lacrada, o bispo passa óleo nela e a benze. Como referência bíblica, lembramos que, com a Nova Aliança de Deus com os homens, a Cruz é o novo, único e verdadeiro Altar, onde a Hóstia é o próprio Filho de Deus, "Cordeiro de Deus", abolindo os sacrifícios antigos. Desde então, as Missas são Memorial perene desse holocausto de Cristo, tendo o altar como centro desse sacrifício, por isso sua importância na celebração da Missa.

ALTAR-MOR: é o altar principal de uma igreja, localizado na extremidade oposta à porta de entrada, ou seja, no presbitério. Nas igrejas antigas, o altar-mor era o principal, geralmente mais adornado, disposto em frente à entrada principal, sempre no presbitério, onde padre celebrava a missa com as costas voltadas para a assembleia e o olhar para o altar, fixo na parede, e para Cristo apenas. Por essa razão se diz que, depois do Concílio Vaticano II, os novos altares são antropocêntricos e os tradicionais, com quase 2.000 anos de tradição, teocêntricos. Vale lembrar que nas igrejas antigas havia (e ainda há) vários altares, nas laterais e em outros lugares, e um altar principal, no presbitério. Esse altar principal era o altar-mor. Depois do Concílio Vaticano II, ao construir novas igrejas, é recomendado e preferível que apenas um único altar seja feito, um que, com a reunião dos fiéis, irá significar o único

Cristo e a única Eucaristia da Igreja. Em igrejas já existentes, como foi dito, quando o velho altar é posicionado de tal maneira que torna a participação dos demais difícil e não pode ser movido, sem provocar danos ao valor artístico, outro altar fixo, bem feito e propriamente dedicado, deve ser construído e os ritos sagrados celebrados nele apenas. Para que a atenção dos fiéis não seja distraída do novo altar, os velhos altares (ou o altar-mor antigo) não deverão ser decorados com exageros.

ALVA: veste litúrgica que corresponde a uma túnica de linho branco, ou outro tecido, que desce até os pés ou calcanhar. Por essa razão é conhecida também como veste talar. Lembra a veste nupcial exigida por Cristo (Mt 22,12). Ela é usada pelos padres, diáconos e também por seminaristas. Quando usada por padres e diáconos é mais conhecida como túnica. O termo "alva" é referente a sua cor branca, embora haja túnicas beges e cinza claras.

AMBÃO: também conhecido como mesa da Palavra, é o lugar apropriado e digno para o anúncio da Palavra. Para ele espontaneamente se dirige a atenção dos fiéis durante o Rito da Palavra nas celebrações. Não confundi-lo com "púlpito", lugar próprio para pregações, homilias, embora estas possam e devam ser feitas do ambão.

ÂMBULA: também conhecida como cibório ou píxide, é um recipiente de boca larga, com tampa, aparentando um cálice de metal (ou outro material digno), em que se colocam as hóstias consagradas ou para consagrar. Quando se colocam hóstias consagradas, ela dever ser tampada e coberta com um véu, cujo nome é conopeu, e guardada no sacrário. Quando nela estão partículas (hóstias) sem consagrar, não se deve cobrir com o conopeu.

ANÁFORA: o mesmo que Oração Eucarística. A Anáfora é a parte mais solene da divina liturgia, ou o Santo Sacrifício da Missa, durante a qual as ofertas de pão e vinho são consagradas como o corpo e o sangue de Cristo. Esse é o nome usual para essa parte da liturgia, sobretudo no que corresponde à Oração Eucarística. Nas tradições cristãs ocidentais, que têm um rito comparável, é mais frequentemente chamada de Cânon Romano na liturgia latina, ou Oração Eucarística para as três novas anáforas modernas. Quando o Rito Romano teve uma única Oração Eucarística (entre o Concílio de Trento e o Concílio Vaticano II), foi chamado de Cânon da Missa. Anáfora, do grego, significa repetição de palavra ou palavras. A grande oração Eucarística compreende: a oração de ação de graças; o Prefácio (Na verdade é justo e necessário, é nosso dever dar-vos graças...); o louvor a Deus três vezes Santo; a Epiclese, em que se pede ao Pai que envie o Espírito Santo para tornar o pão e vinho em Corpo e Sangue de Jesus Cristo (...santificai as oferendas que vos apresentamos...); o relato da Instituição (na noite em que ia ser entregue, Ele tomou o cálice...); a Anamnese, a memória da Paixão, Ressurreição e volta gloriosa de Cristo Jesus (Celebrando agora a memória de vosso Filho...); intercessões, em que a Igreja exprime a Eucaristia sendo celebrada em comunhão com toda a Igreja do céu e da terra, com os pastores da Igreja, o Papa e os Bispos do mundo inteiro.

ANDOR: suporte enfeitado com flores, utilizado para levar as imagens dos santos e padroeiros nas procissões.

ANTÍFONA: versículo, que pode ser também executado em canto gregoriano, antes e depois da recitação de um Salmo ou de um cântico religioso; pode ser cantado inteiro ou repetindo alternadamente em coro, refrão ou estribilho. No rito da Missa, encontramos várias antífonas, como, por exemplo, antífona de entrada e antífona de comunhão, que são geralmente trechos de Salmos correspondentes à liturgia do dia, cuja função é contextualizar a celebração ou um determinado momento. A antífona geralmente é composta de cânticos curtos, com texto entre dez e vinte e cinco palavras, e de melodias simples.

APAGADOR DE VELAS: utensílio constituído por um cone metálico oco e uma vara comprida, utilizado por sacristãos, ou coroinhas, para apagar o Círio Pascal e as velas dos altares, quando esses são colocados em pontos inacessíveis. Ao mesmo tempo, esse utensílio pode ser utilizado como acendedor, para isso é preciso usar um pavio adaptado à vara. Esse instrumento evita que a pessoa seja atingida pela cera derretida que se acumula na vela após um tempo acesa. Para as velas de altar quase não há necessidade de utilizar essa ferramenta; isso só acontecerá se elas ficarem no alto.

ASPERSÓRIO: do latim *aspergillum* ou *aspergere* = aspergir, é um pequeno objeto em que se coloca água benta para o sacerdote aspergir o povo, os lugares e objetos a serem abençoados. Alguns ainda podem ser usados com uma caldeirinha em que se deposita a água. Há aspersórios de vários tamanhos e materiais. O conjunto, aspersório e caldeirinha, faz parte dos vasos sagrados.

BACULÍFERO: é quem leva o báculo do bispo. O baculífero fica atrás do bispo nas procissões de entrada e saída da Missa. Durante a Missa, o bispo usa habitualmente o báculo nas procissões de entrada e saída, para ouvir a leitura do Evangelho e fazer a homilia. Quando ele não está segurando o báculo, este é entregue ao baculífero.

BALDAQUINO: esta palavra deriva-se de Bagdá, cidade de onde vieram os estofos preciosos de seda *(baldaquini)*. O baldaquino *(caelum, pallium, pannus)* substituiu, desde o século XII, o cibório. É um dossel de forma retangular, em voga no barroco, de madeira ou de tela, com cortinas, sustentado por colunas, o qual recobre uma cúpula, um altar, um local sagrado, um trono, uma escultura, um leito, fixado ou por um lado na parede ou de forma cônica suspenso do teto da igreja, para embelezá-la. Em arquitetura, é qualquer obra, ou remate escultórico, constituída por uma cúpula sustentada por colunas e que resguarda um altar, um retábulo, uma escultura, um portal etc. O *Caeremoniale Episcoporum* (I, 12, n. 13) diz que cada altar-mor deve ter cibório ou baldaquino. Mas essa determinação não se observa em quase lugar nenhum fora da Itália e só em poucas igrejas dentro dela. Os baldaquinos tornaram-se elementos arquitetônicos importantes, geralmente construídos em materiais nobres, como ouro, metal, mármore, alabastro ou madeira esculpida. O arquiteto Gian Lorezo Bernini (1598-1680) introduziu a moda dos baldaquinos, erguendo o exemplo monumental que se pode ver na parte central da Basílica de São Pedro, em Roma. Este é um dos locais mais impressionantes da Basílica. Gian Lorenzo Bernini criou, para o altar papal, acima do túmulo de São Pedro, uma obra-prima, técnica e artística, para o papa Urbano VIII, Barberini. Trata-se de um alto baldaquino de bronze dourado, de quase 30 metros de altura, construído de 1624 a 1633. De plintos em mármore, que mostram o escudo de armas do Papa, erguem-se quatro colunas torsas que suportam o peso do baldaquino com um globo e uma cruz. O desenho é exuberante, cheio de energia e movimento próprios ao Barroco, solução ideal para o imenso espaço aberto no interior pelo domo central. Para obter bronze suficiente, o Papa ordenou derreter bronzes antigos do Panteão, fazendo o povo de Roma dizer: "O que os bárbaros não conseguiram fazer fizeram os Barberini". A peça sacra utilizada para expor a custódia, ou o ostensório, com a Eucaristia, é também chamada de baldaquino devido a sua semelhança com a obra arquitetônica.

BATINA: a batina ou sotaina é uma roupa eclesiástica, própria dos clérigos (seminaristas, diáconos, padres e bispos). Tradicionalmente, possui 33 botões de alto a baixo, representando a idade de Cristo, cinco botões em cada punho, representando as cinco chagas de Cristo. À cintura pode ser usada uma faixa, que tem duplo significado: 1º a castidade (antigamente se acreditava que a libido sexual estava diretamente relacionada aos rins. Então rins cingidos significavam, além do serviço, também castidade); 2º a Igreja peregrina na terra (quando Israel fazia grandes peregrinações, usava-se um cíngulo para cingir os rins de modo que, ao caminhar, não ficasse dolorido. Assim, rins cingidos significa peregrinação, missão, serviço). A cor da faixa varia segundo o grau na hierarquia eclesiástica: preta para seminaristas, diáconos e padres; violácea para padres com título de monsenhor, bispos e arcebispos; vermelha para cardeais; e branca para o Papa. A batina é comumente toda preta, com colarinho branco: o preto representa a morte para o mundo, e o branco, a pureza. Desse modo, a batina é a veste talar dos clérigos. Embora seja comumente preta, em se tratando de arcebispos e cardeais, a batina pode ser vermelha ou violácea. A partir do Concílio Vaticano II (1960/1965), a batina passou a ter pouco uso no Brasil. Tem sido substituída, às vezes, pelo "clergyman" ou colarinho romano. Embora ela não seja usada com frequência, continua sendo a veste oficial de bispos e presbíteros.

BATISTÉRIO: ou baptistério, do latim *baptisterium*, é um local específico para a realização do batismo. Fica ao pé da porta principal, ou em outro espaço, onde se acha a pia batismal. Batistério é também a capela erigida no adro das catedrais como local de administração de batismos. Na arquitetura cristã, é uma estrutura separada do plano central da igreja, que serve para envolver e guarnecer a pia batismal. Nos primórdios do cristianismo, os catecúmenos eram instruídos, e o sacramento do batismo era administrado no batistério. Os rituais realizados no batistério foram sendo alterados ao longo do tempo e variam, dependendo da confissão religiosa do batizando. No Brasil, é relativamente comum o uso impróprio da palavra *batistério* em linguagem informal e coloquial para designar o documento que comprova a execução do sacramento do batismo católico, documento que se denomina simplesmente "certidão de batismo", no registro formal e culto.

BREVIÁRIO: antigo nome do conjunto de ofícios, de orações e leituras prescritas pela Igreja para serem recitadas diariamente pelos sacerdotes e monges. O livro da Liturgia das Horas, ou Ofício Divino, é o Breviário. Esse nome é dado ao livro em que se encontram os textos dessa oração e que acabou por designar a própria oração. O nome "Breviário" provém do século XI, quando apareceu um livro que continha todos os textos necessários para o Ofício divino, que condensava, em um só volume, o que, até então, se encontrava repartido em vários livros. Por ser mais "breve" e prático, passou ser conhecido por esse nome, que se manteve até a última reforma litúrgica para designar cada um dos volumes (*Breviarium Romanum*).

CADEIRA PRESIDENCIAL: a cadeira onde se assenta o presidente da celebração. Assim afirma o Missal Romano referente à cadeira presidencial, ou do sacerdote: "A cadeira do sacerdote celebrante deve manifestar sua função de presidir a assembleia e dirigir a oração. Por isso, seu lugar mais apropriado é de frente para o povo no fundo do presbitério, a não ser que a estrutura do edifício sagrado ou outras circunstâncias o impeçam, por exemplo, se a demasiada distância torna difícil a comunicação entre o sacerdote e a assembleia, ou se o tabernáculo ocupar o centro do presbitério atrás do altar. Evite-se toda espécie de trono" (IGMR 271).

CALDEIRINHA: diminutivo de caldeira, é o vaso sagrado, semelhante a um pequeno balde, usado para colocar água benta para aspergir o povo. Ela é acompanhada do aspersório, ou aspérgio, uma espécie de bastão com uma ponta arredondada, usado para a aspersão de pessoas, objetos e lugares por ocasião de bênçãos. A caldeirinha e o aspersório são comumente usados nas missas quando há aspersão.

CÁLICE: na Missa, o cálice representa o Santo Graal, ou seja, o cálice que Jesus teria usado na última Ceia. Ele é usado durante a liturgia Eucarística e no rito da comunhão. Antes e depois desses momentos, ele fica vazio, de forma que a água e o vinho que serão usados na consagração ficam em recipientes à parte, na credência, em galhetas. O cálice é um vaso sagrado especial, de metal dourado ou prateado, usado nas Missas para o vinho que será transubstanciado em Sangue de Cristo. É um dos vasos sagrados, e recomenda-se que seja sempre de material nobre. A instrução geral do Missal Romano orienta da seguinte maneira: "os cálices e outros vasos destinados a receber o Sangue do Senhor tenham a copa feita de matéria que não absorva líquidos. O pé pode ser feito de outro material sólido e digno" (IGMR 291).

CÂNON DA MISSA: *cânon*, em grego, que significa regra, uma norma, recebeu esse nome porque é o conjunto de orações que são a referência de como devemos consagrar. É a forma fixa de como oferecer o sacrifício do Corpo e do Sangue de Nosso Senhor, aos qual todos devem se conformar. O papa São Dâmaso I, que governou a Igreja no século IV, foi um dos responsáveis pela fixação do Cânon. O padre não tem direito de alterar essa norma, de colocar seu toque pessoal nessa regra que não é dele, e sim da sociedade instituída por Jesus Cristo, a Igreja Católica, para que Deus receba o culto que lhe é devido. O Cânon da Missa corresponde aos textos e às rubricas do Cânon Romano. São orações, normas e instruções do Missal Romano para sua primeira anáfora, chamada oficialmente de Oração Eucarística I, também referida como o Cânon Romano ou o Cânon da Missa. Antes da revisão de 1970 do Missal Romano, a missa teve apenas essa Oração Eucarística; desde a revisão, algumas mudanças mínimas no texto foram feitas, embora com maior proeminência nas rubricas. O texto e as rubricas do Cânon começam com a oração *Te Igitur*, até o Pater Noster; antes do *Te Igitur*, há ainda o diálogo introdutório, o Prefácio e o Sanctus, partes que não foram alteradas em 1970, exceto pela adição de novos prefácios. Na tradução do Missal Romano na forma ordinária, feita pela CNBB em 1970, foi incluído, após cada oração do Cânon, feita pelo sacerdote, um responso dito pelo povo; essa prática, porém, só existe na Igreja do Brasil e não encontra justificativa histórica ou doutrinal.

CAPA DE ASPERGES: De tradição muito antiga na Igreja, a *capa de asperges* é usada durante o ato de aspergir os fiéis com água benta, em procissões. A capa de asperges (latim: *cappa, pluviale, casula processaria*), ou pluvial, é um paramento litúrgico usado no exterior e no interior das igrejas para bênçãos e aspersões com água benta, casamentos sem missa e para os solenes ofícios divinos. Na parte da frente do paramento, há o "alamar", que funciona como um broche que une as duas partes do manto; esse pode ser fixo ou removível da capa de asperge ou Pluvial. Ela recebeu esse nome porque no rito Tridentino era usada pelo sacerdote para o rito de aspersão de água benta sobre o povo. Também pode ser chamada de "Casula Processional", ou, como já foi dito, de capa pluvial, já que era usada nas procissões pelos bispos, porque poderia haver chuva.

CAPA MAGNA: a capa magna (literalmente, "grande capa") é um volumoso manto eclesiástico com uma longa cauda, utilizada na Igreja Católica por cardeais, bispos e alguns outros prelados honorários. Não é uma peça apenas de vestuário litúrgico, mas também jurisdicional, utilizada com as vestes corais. A capa é presa sob a mozeta e sua parte posterior é segurada por um acólito, denominado "caudatário". De acordo com o Cerimonial dos Bispos (n. 64), "a capa magna violácea, sem armarinho, só se pode usar dentro da diocese e nas festas mais solenes".

CAPA PLUVIAL: cf. Capa de Asperges (do latim "pluvia" = chuva).

CAPELA DA REPOSIÇÃO: lugar preparado para a conservação do Santíssimo Sacramento. Na capela da reposição, conserva-se o Santíssimo Sacramento em um tabernáculo fechado. Não se faz a exposição com o ostensório, e o tabernáculo não se deve ter a forma de sepulcro, porque a capela da reposição não é preparada para representar a sepultura do Senhor, mas para conservar o Santíssimo Sacramento, que será distribuído na Sexta-feira Santa.

CASTIÇAL: utensílio de materiais diversos (metal, madeira, porcelana, vidro etc.) com base de apoio, em cuja parte superior há um bocal em que se coloca uma vela para iluminar. Quando há duas ou mais velas, é chamado de candelabro, um exemplo disso é o suporte em que se coloca a vela de altar.

CASULA: paramento litúrgico de padres e bispos. Vestimenta com uma abertura para a cabeça para se usar sobre a alva e estola, cobrindo até os joelhos. Geralmente, é usada em celebrações mais solenes. É utilizada sobre a alva e a estola durante a celebração da Missa ou de outros sacramentos, como, por exemplo, batismo, crisma, matrimônio etc. A Casula pode ter algumas variações e se divide entre Casula Romana e Casula Gótica (geralmente somente essas duas). A Casula Romana é uma espécie de "colete", que comumente é ornado com bordados e brocados dourados. Os motivos dos bordados e demais ornamentos variam de acordo com determinados propósitos ou tempos litúrgicos. A Casula Gótica é arredondada, em forma de "planeta", e cobre o corpo inteiro do sacerdote. Ela possui um galão ou bordados, que representam várias imagens convenientes ao Mistério Litúrgico. Esse modelo é o mais usual entre os sacerdotes atualmente. Por sua forma arredondada, tem como significado tirar o Sacerdote do mundo terreno e adentrá-lo ao mundo espiritual. Suas cores variam de acordo com o tempo litúrgico: preta (celebrações fúnebres); roxa (celebrações fúnebres e tempo da quaresma e advento); verde (tempo comum); rósea (3º domingo do advento – *gaudete* – e 4º da quaresma – *laetare*); vermelha (mártires, Sexta-feira Santa entre outras); branca (solenidades e festas). Há outras cores paralitúrgicas, como, por exemplo, amarela, que pode ser usada na Páscoa; azul, em celebrações de Nossa Senhora. A casula dourada substitui a de cor branca e é usada também em ocasiões de festas e solenidades.

CÁTEDRA: ou cadeira presidencial, é o lugar, na catedral, de onde o bispo fala oficialmente, preside a assembleia e dirige a oração no exercício de sua autoridade de pastoral e sucessor dos apóstolos. Símbolo do magistério da Igreja em todos os tempos. Só as catedrais têm uma cátedra. Também significa a "cátedra de Pedro", que, inclusive, tem uma festa anual celebrada no dia 22 de fevereiro. Na Igreja Católica, a cátedra é o símbolo do magistério episcopal e da alta autoridade eclesiástica. Dessa acepção surge a expressão latina *ex cathedra*, que denota uma manifestação feita a partir da autoridade conferida pela cátedra. A denominação de uma igreja catedral por ocasião da criação de uma diocese é atribuída em razão de ali se sentar o bispo em sua cátedra.

CERIMONIAL DOS BISPOS: livro de altar usado especialmente nas celebrações presididas pelo bispo. Contém os diversos textos usados para sacramentos e celebrações litúrgicas.

CERIMONIÁRIO: aquela pessoa que coordena a cerimônia, a celebração da Missa. Em Missas solenes, como, por exemplo, Ordenações, Crismas, Primeiras Eucaristias, ou Missas presididas pelo Bispo, há uma pessoa, ou mais, para cerimoniar, isto é, desempenhar as funções de cerimoniário. Essa pessoa pode ser um padre, um diácono ou um acólito que irá coordenar a cerimônia. Ela irá cuidar de todos os detalhes e ficará atenta à atuação da equipe e ao bom andamento da celebração. Enfim, é um clérigo ou leigo encarregado da organização e direção dos ofícios litúrgicos. Para tal pode haver um, dois ou mesmo uma equipe de cerimoniários, sendo um deles o cerimoniário-mor e os demais cuidarão de partes específicas da celebração. São funções de um cerimoniário organizar as procissões, sejam elas de entrada, de saída, ou ainda procissões externas à Igreja; pôr e repor as insígnias episcopais (báculo e mitra), bem como o solidéu; segurar a casula do celebrante nas incensações do altar, das oblatas, da cruz, do círio pascal e das imagens, caso não haja diáconos na celebração; organizar coroinhas e acólitos; organizar, durante a procissão do sanctus em direção ao altar, o turiferário, o naveteiro e os ceroferários e fazê-lo de modo que o turiferário fique primeiro na fila ao lado do naveteiro, atrás, a cruz e, dos lados, os ceroferários.

CEROFERÁRIO: acólito ou coroinha que, na procissão ou em outras solenidades religiosas, leva o Círio pascal, ou outras velas, ou ainda as tocheiras.

CIBÓRIO ("cibus" = alimento): cf. Âmbula.

CÍNGULO: do latim, *cingulum*, cintura. O cordão com o qual o sacerdote aperta a alva na cintura e que os padres e bispos usam. Seu uso foi aprovado desde o século IX, e seu caráter litúrgico aparece nas orações: *Cinge-me, ó Senhor, com o cinto da pureza*, e ele simboliza a vigilância espiritual. Até o final da Idade Média, era feito com fitas de seda com aplicações e bordados com seis ou sete centímetros de largura. O formato de cordão só se popularizou depois do século XV; hoje é simples, feito de tecido de algodão ou seda e deve ser abençoado para seu uso. Algumas ordens religiosas recebem uma bênção especial em circunstâncias especiais, como a do Cordão de S. Francisco e o cíngulo de Santo Agostinho, indulgenciados pela Igreja por indicar profissão de fidelidade e compromisso a um Instituto particular. Assim, o cíngulo é o cordão para amarrar, prender a alva ao corpo, facilitando o andar ("Cingi vossos rins" – Lc 12,35). Ele é um cordão, acessório da veste litúrgica, usado em volta, ou acima da cintura. Atualmente, o cíngulo é um cordão de 4 metros com duas borlas com franjas nas pontas e pode seguir as cores do tempo litúrgico; o mais usual é o cíngulo branco. Ele pode ser usado por ministros que portam a alva, (acólitos, leitores, coroinhas e clérigos). É posto sempre sobre a alva, em volta da cintura. Quando se usa estola, costuma-se prendê-la ao cíngulo. Ao vesti-lo, o sacerdote reza a seguinte oração: *Cingi-me, Senhor, com o cíngulo da pureza, e extingui nos meus rins o fogo da paixão, para que resida em mim a virtude da continência e da castidade*. Cingir (amarrar) os rins tem também o significado do serviço. Cingir os rins com o cíngulo é uma demonstração de serviço; aquele que vai servir. Alguns o usam para ajustar o comprimento da veste, mas não é essa sua função.

CÍRIO PASCAL: Vela grande, branca ou amarela, de cera virgem, que, confeccionada para as celebrações solenes, representa a Luz de Cristo. Ela é abençoada e acesa no fogo novo, na noite da vigília pascal, seguindo os rituais propostos para a liturgia dessa noite santa. Cada ano é abençoado e aceso um novo Círio pascal, que é usado durante todo o tempo pascal, nos batizados, na crisma e em outras celebrações solenes. Durante o tempo pascal, o Círio pascal substitui a cruz processional na procissão de entrada da Missa. É símbolo da Ressurreição de Nosso Senhor, a evocação de Cristo glorioso, vencedor da morte. Originalmente o Círio tinha a altura de um homem, simbolizando Cristo-luz, que brilha entre as trevas. Na noite da vigília pascal, um acólito leva-o ao celebrante, que grava as seguintes inscrições (em itálico colocamos as palavras que o sacerdote pronuncia ao colocar cada um dos símbolos no Círio): 1º – uma cruz, dizendo: "Cristo ontem e hoje. Princípio e fim"; 2º – as letras Alfa e Ômega, a primeira e a última do alfabeto grego (isso quer significar que Deus é "o princípio e o fim de tudo", que tudo provém de Deus, subsiste por causa dele e vai para ele: "Alfa e Ômega"); 3º – os algarismos são colocados entre os braços da Cruz, marcando as cifras do ano corrente (isso é feito para expressar que Jesus Cristo, verdadeiro Deus e verdadeiro Homem, é o princípio e o fim de tudo, o Senhor do tempo, é o centro da História e a Ele competem o tempo, a eternidade, a glória e o poder pelos séculos, a Ele oferecemos o ano e tudo o que nele fizermos; "A Ele o tempo e a eternidade, a glória e o poder pelos séculos sem-fim. Amém"); 4º – cinco grãos de incenso em forma de cravos, nas cinco cavidades previamente feitas no meio do Círio, dispostas em forma de Cruz. Esse cerimonial simboliza as cinco chagas de Nosso Senhor, nas quais penetraram os aromas e perfumes levados por Santa Maria Madalena e as santas mulheres ao sepulcro. Esse incenso é uma substância aromática que queimamos em louvor a Deus; sua fumaça, subindo, simboliza nosso desejo de permanente união a Ele e de que nossa vida, nossas ações e nossas orações sejam agradáveis ao Senhor. Ele representa também nossa oração, que desejamos chegue a Deus, como suave perfume de amor. Esses grãos simbolizam ainda as cinco chagas gloriosas do Cristo Ressuscitado, que lhe possibilitaram amar-nos totalmente, conforme Ele mesmo dissera: "Não há maior amor do que dar a vida pelos amigos" (Jo 15,13): "Por suas santas chagas, suas chagas gloriosas, Cristo Senhor nos proteja e nos guarde. Amém". O sacerdote acende depois o círio, no fogo novo por ele abençoado. O círio servirá para dar lume às demais velas e à lamparina do santuário.

CLERGYMAN ou COLARINHO ROMANO: é um colarinho eclesiástico branco, usado pelos clérigos (diáconos, padres bispos, arcebispos, cardeais e Papa). Seu uso não se restringe ao clero católico; Utilizam-no também muitos ministros protestantes, especialmente: anglicanos, luteranos, metodistas, presbiterianos e batistas e, atualmente, os adventistas. Os sacerdotes das igrejas ortodoxas também fazem uso do *clergyman*. Esse modelo de colarinho leva seu nome em Inglês de seu original Anglicano; também em português encontramos a grafia clérgima, tala usada na gola da camisa.

CONOPEU: ou véu do cibório, é uma capa que recobre a âmbula, cibório ou píxide, somente quando ela contém hóstias consagradas. É também o véu que cobre o sacrário, ou ainda, aquela cortina que comumente se coloca diante dele. Quando o sacrário estiver vazio, recomenda-se retirar o conopeu, como, por exemplo, por ocasião da Quinta-feira Santa, após a missa da instituição da Eucaristia até o sábado santo, quando as partículas consagradas são levadas para a sala da reposição. Durante esse período, o sacrário deve permanecer aberto e sem o conopeu. Nessa ocasião, ele estará sobre as âmbulas na sala da reposição.

CORES LITÚRGICAS: o branco, o vermelho, o verde, o roxo e o rosa são as cores litúrgicas. Há outras como o dourado, o preto, o amarelo, o azul, que são consideradas cores paralitúrgicas, ou seja, não são oficiais, mas podem ser utilizadas em algumas circunstâncias. As cores litúrgicas, usadas nas alfaias (toalhas do altar) e demais paramentos, como, por exemplo, na estola e na casula do sacerdote ou diácono, e opcionalmente em velas, são utilizadas de acordo com o tempo litúrgico correspondente.

COROA: é um ornamento para a cabeça, uma regalia e uma forma simbólica tradicional, o qual utilizado por monarcas, integrantes da nobreza, santos e divindades, representa poder, legitimidade, imortalidade, justiça, vitória, triunfo, ressurreição, honra e glória da vida após a morte. A coroa como símbolo é também utilizada em heráldica, nos brasões de vilas e cidades. Na arte, pode-se representá-la como sendo oferecida aos homens por anjos. Além de sua forma tradicional, pode ser feita de flores, estrelas, folhas de carvalho ou espinhos etc., de acordo com o que se pretende simbolizar. Ela, geralmente, contém joias. Em muitas representações de Nossa Senhora, há uma coroa que nos remete ao quinto Mistério Glorioso, em que rezamos no terço: a coroação de Maria como Rainha do Céu e da terra. Em maio é comum, nas comunidades paroquiais, haver a coroação de Nossa Senhora, que consiste em um ritual de colocar a coroa na imagem de Nossa Senhora. No tempo do Advento, na liturgia católica, há a *coroa do advento*, com quatro velas que simbolizam as quatro semanas desse tempo litúrgico. A imagem de Cristo Rei também é representada com uma coroa na cabeça, lembrando sua realeza divina, e a imagem de Cristo crucificado traz na cabeça a coroa de espinhos.

CORPORAL (do latim "corpus"): pano branco quadrado, engomado, que é estendido sobre o altar e sobre o qual o presidente da celebração coloca a patena e as âmbulas com as hóstias e o Cálice com vinho, no momento do ofertório, para serem consagrados. Ele está entre os vasos sagrados e demais alfaias (Pala, sanguíneo, manustérgio). Seu formato é dobrado em nove partes iguais. Dizem que o Corporal simboliza o Santo Sudário, que, provavelmente, teria envolvido o corpo de Jesus, após a crucificação, e também o respeito e o decoro ao Corpo e Sangue de Cristo. A consagração das espécies se dá sobre o corporal. Se ficarem fora dele, as espécies do pão e do vinho não serão consideradas consagradas.

CORTINA DO SACRÁRIO: cf. Conopeu. Significa que Cristo está apenas escondido, sob as aparências de pão e vinho, como que por trás de uma cortina. Essa cortina leva também o nome de conopeu.

CREDÊNCIA OU MESA CREDENCIAL: pequena mesa em que se colocam os utensílios a serem utilizados nas celebrações, como galhetas, manustérgio, cálice, cibório, missal, dentre outros. Pode ficar no presbitério, ou até na entrada da igreja, quando for fazer procissão com oferendas.

CRUCIFERÁRIO: aquele que tem como função carregar a cruz processional à frente de celebrações ou procissões e levá-la para a sacristia. Além disso, é ele quem se responsabiliza em verificar se a base da Cruz está no lugar próprio no presbitério. Na procissão de entrada, o cruciferário segue ladeado por dois ceroferários (coroinhas que carregam as velas). Se durante a procissão de entrada houver turíbulo, quem vai à frente é o turiferário e o naveteiro. Ao chegar diante do altar, ele fará uma leve inclinação, irá se dirigir ao presbitério e colocará a cruz junto ao altar, a qual deverá ser uma só. Caso já tenha uma cruz no altar, a cruz processional deverá ser recolhida e guardada em lugar adequado. Ao término da Missa, depois de o sacerdote reverenciar o altar com o beijo, o cruciferário deverá descer (se for o caso) com o presidente da celebração, para juntos fazerem a reverência ao altar, acompanhar a procissão de saída com a cruz processional. Vale lembrar que em procissões com o Santíssimo Sacramento pelas ruas, como, por exemplo, na celebração de Corpus Christi, o cruciferário caminhará à frente da procissão, ladeado pelos ceroferários e precedido pelo turiferário (aquele que leva o turíbulo) e naveteiro. Ao término das funções litúrgicas, ao chegar à sacristia, o aguardará a despedida com a cruz processional em mãos e, somente depois da despedida, irá guardá-la no lugar determinado. Durante as procissões, ele deve cuidar da maneira como leva a cruz, posicionando adequadamente as mãos.

CRUZ DO ALTAR: sobre o altar, ou próximo a ele, ou ainda na parede do presbitério, é importante que haja uma cruz. Ela é indispensável na celebração da Missa, que é Memória e não mera "lembrança" da Morte e Ressurreição de Jesus, pois recorda seu sacrifício. Por determinação do papa Bento XVI, a cruz do altar deve sempre estar voltada para o sacrifício e não para a assembleia. Havendo cruz do altar, a cruz processional deve ser recolhida para não haver duplicidade de cruz na celebração da Missa. *A instrução geral do Missal Romano diz: "Seja colocada sobre o altar, ou do lado dele, uma cruz com a imagem de Cristo crucificado, claramente visível para o povo reunido. Convém que essa cruz permaneça próxima do altar, inclusive, fora das celebrações litúrgicas, para recordar à mente dos fiéis a Paixão salvífica do Senhor" (n. 84).*

CRUZ PEITORAL: a cruz peitoral é a que os bispos ocidentais levam pendente sobre o peito, ou o medalhão que de forma semelhante levam os bispos orientais. É uma das insígnias episcopais usadas pelos que receberam a ordem episcopal que conta de um crucifixo pendendo com um cordão ou uma corrente simples. O cordão que sustenta a cruz peitoral, em ocasiões do *Liturgicum*, é diferenciado pelo que estará, às vezes, em uma cor específica (havendo sua exceção se for uma corrente) para cada grau do episcopado, por exemplo: para bispos e arcebispos o cordão tem o verde com o dourado, vermelho com o dourado para os Cardeais e apenas dourado para o Papa. Esse objeto das insígnias episcopais é um importante símbolo, cujo uso remonta ao século XIII, porque possui em seu interior, geralmente, relíquias de santos e mártires. Pendendo dos ombros dos bispos, tal cruz está constantemente diante do Prelado, o que serve para lembrá-lo, a todo instante, de Cristo Senhor Nosso, que morrera por ele no Calvário, e da Fé que ele professou com seu próprio sangue. Sobre a história do uso da cruz peitoral, sabe-se que para os primeiros cristãos era costume portar algum objeto sagrado, que servia para evocar a lembrança de Nosso Senhor Jesus Cristo, tal como temos hoje os Evangelhos, o Crucifixo e as solenidades de Nosso Senhor; logo, desde aquela época, já havia a concepção querer representar a Vida de Cristo. Naqueles tempos, quando o perigo era grande, às vezes, levavam consigo no peito a Santíssima Eucaristia. Mais tarde, tendo diminuído as perseguições contra todos aqueles que se diziam cristãos e seguidores do caminho, passou-se a usar a Cruz no peito, como sinal claro e distintivo de fiel cristão. De acordo com o cerimonial dos bispos (n. 61), "a cruz peitoral usa-se por baixo da casula ou da dalmática, ou por baixo do pluvial, mas por cima da mozeta".

CRUZ PROCESSIONAL: cruz que vai à frente da procissão de entrada, durante a Missa. Cf. cruciferário.

CUSTÓDIA OU OSTENSÓRIO: (do latim "ostendere", ostentar, mostrar) objeto específico que serve para expor à adoração pública o Corpo de Cristo, na forma de Hóstia consagrada. É uma peça de ourivesaria, usada em atos de adoração ao Santíssimo, para expor solenemente a hóstia consagrada sobre o altar, ou para transportá-la solenemente em procissão. Na falta de uma custódia, o cibório pode ser utilizado. É composta de um corpo principal, geralmente adornado com motivos de ourivesaria, em geral de prata, dourado ou mesmo de ouro, com um centro transparente, de cristal, onde é exposta a hóstia consagrada. Algumas custódias são verdadeiras obras de arte.

DALMÁTICA: é uma veste litúrgica própria do diácono. Ela é colocada sobre a alva (túnica) e a estola transversal. É aberta dos lados, tendo as mangas largas e curtas. Seu nome deriva de peça luxuosa de vestuário, usada na Dalmácia, uma região ao sul da Europa, e foi adotada então pelos romanos. A Igreja adotou a dalmática como veste litúrgica nas missas solenes para os diáconos encarregados de proclamar o evangelho ou fazer outras leituras, por uma iniciativa do papa Silvestre I (314 a 335); lembrando que no tempo de São Cipriano, bispo de Cartago (249 a 258), já era uma veste usada no serviço do altar. Por ordem do papa Eutiquiano (275 a 283), os mártires eram enterrados vestidos com dalmáticas.

DIRETÓRIO LITÚRGICO: pequeno livro, que, publicado anualmente pela CNBB e disponibilizado para todas as dioceses do país, contém dados sobre a organização administrativa da Igreja no Brasil, nomes, endereços e outras informações sobre todos os cardeais, arcebispos e bispos brasileiros e todas as suas respectivas dioceses. Traz também as informações litúrgicas do dia a dia para as diversas celebrações, de acordo com o Ano Litúrgico, que devem ser seguidas em todas as comunidades paroquiais.

DOMINGO GAUDETE: a palavra *Gaudete* é de origem latina e significa basicamente "Alegria". O terceiro domingo do advento é chamado "Gaudete", ou da alegria, devido à primeira palavra do prefácio da Missa: Gaudete, ou seja, alegra-se. Nessa data, são permitidos paramentos rosa, como sinal de alegria, e a Igreja convida os fiéis a se alegrarem porque o Senhor está perto. O domingo *gaudete* ocorre entre os dias 11 e 17 de dezembro, segundo a liturgia do Rito Romano da Igreja Católica. Esse domingo, como todos os do Advento, não pode ter sua liturgia substituída por nenhuma outra, em nenhuma circunstância. As solenidades que coincidirem com esse dia deverão ser antecipadas para sábado. Não se diz o Glória, diz-se o Creio e toma-se um dos Prefácios do Advento I.

DOMINGO LAETARE: do latim, *laetare*, que dizer "Alegra-te!" É o quarto domingo da Quaresma, também chamado de *Domingo Laetare* ou *Domingo da Alegria*. A própria antífona da entrada da Santa Missa dá o tom que celebramos: "Laetare Jerusalém", ou em português: "Alegra-te, Jerusalém!" A celebração litúrgica nesse domingo é profundamente marcada pelo tema "luz". É a cena da "cura do cego de nascença" no Evangelho. É de tradição da Igreja, nesse dia, que se use a cor rosa na liturgia, mas pode também usar o roxo. Vale lembrar que "Laetare e Gaudete" são palavras de origem latina, e significam basicamente a mesma coisa: "Alegria". É como se disséssemos na Língua Portuguesa "Alegra-te e Rejubila-te". Outra semelhança entre Domingo Laetare e Domingo Gaudete é que ambos se referem a um termo tradicional dado ao penúltimo domingo da Quaresma e do Advento, que, popularmente, são conhecidos como o Domingo da Alegria. Esse domingo consiste em uma pausa prevista dentro do rito litúrgico, para lembrar que a Alegria está chegando, ou seja, uma grande festa está por vir.

DOXOLOGIA: do grego, *doxa*, glória, fama, esplendor; *doxazein*, glorificar a Deus. Breve oração de ação de graças, louvor e glorificação; fórmula de bênção que encerra cada uma das cinco partes dos Salmos. Pequena doxologia: a oração "Glória ao Pai, ao Filho e ao Espírito Santo"; **doxologia final:** o "Vosso é o reino, o poder e a glória...", que o povo responde logo após a oração privativa do celebrante "livrai-nos de todos os males, ó Pai..." – o embolismo do Pai-Nosso. **A grande Doxologia:** encontra-se na celebração do Natal: "Glória a Deus no mais Alto dos céus..." (Mt 2,14) e também no louvor que conclui a Oração Eucarística: "Por Cristo, com Cristo...". Doxologia é uma forma litúrgica de arremate nas grandes orações. Há doxologias maiores e doxologias menores. Por exemplo: o hino de louvor (glória a Deus nas alturas...) é uma doxologia maior, já a expressão "glória ao Pai, ao Filho e ao Espírito Santo" é uma doxologia menor. É uma fórmula de louvor e glorificação frequente no antigo Testamento, aplicada a heróis e heroínas (p. ex., Judite) e principalmente a Deus. No Novo Testamento, embora apareça referida a pessoas humanas (especialmente a Maria e Isabel), dirige-se habitualmente a Deus. Na tradição da Igreja Católica, foram-

-se fixando, desde os primeiros séculos, várias fórmulas de doxologias para uso litúrgico e da devoção popular. A mais conhecida e divulgada é "Glória ao Pai e ao Filho e ao Espírito Santo...". Entre os hinos, tem especial importância o hino de louvor, ou "Glória". Merece também referência à série de aclamações que começa com "Bendito seja Deus...".

DUCTOS: forma de movimentar duplamente o turíbulo, isto é, com dois movimentos consecutivos, no rito da incensação. Só existem duas formas de realizar a incensação: os *ictos* (movimento único do turíbulo com uma pausa entre eles e não sucessivos) e os *ductos* (movimento duplo consecutivo do turíbulo com uma pausa se forem realizados mais ductos). Dessa forma, nas liturgias, o uso dos "trictos" é uma "adaptação" que o cerimonial dos bispos e a instrução geral do missal romano não mencionam. O uso de três ductos do turíbulo (movimento de três ductos realizados três vezes com um intervalo entre eles) é utilizado para: o Santíssimo Sacramento; as relíquias da santa cruz; as imagens do Senhor expostas para veneração pública; as oferendas para o sacrifício da Missa; a cruz do altar; o evangeliário; o Círio Pascal; o sacerdote; o povo. O uso de dois ductos do turíbulo (movimento de dois ductos realizado duas vezes com um intervalo entre eles), realizado *apenas* uma vez *após a incensação do altar*, é utilizado para: as relíquias dos santos expostas à veneração pública; as imagens dos santos expostas à veneração pública; o altar incensado com em só ducto, por vez, movimentando-se ao redor dele. A incensação no início da celebração eucarística deve proceder da seguinte forma: Cruz (se estiver atrás do altar, caso contrário, quando passar diante dela); altar; Círio Pascal; Imagem dos santos. A Incensação no ofertório da celebração eucarística deve proceder da seguinte forma: oferendas (três ductos ou sinal da cruz); Cruz e Altar.

EMBOLISMO: derivado do grego *emballein*, colocar em, inserir, intercalar, adicionar. A palavra se aplica a duas áreas: logo depois da *Oração do Senhor*, o *Pai-Nosso*, na celebração da Missa, e na sequência dessa oração que começa com as palavras *Livrai-nos de todos os males...* Essa oração é um embolismo, um acréscimo que desenvolve as últimas palavras do Pai-Nosso: *livrai-nos do mal*. Essa oração – escreve a Instrução Geral do Missal Romano (IGMR) – é pronunciada "apenas pelo celebrante principal, de mãos estendidas". Os historiadores atribuem a oração ao santo papa Gregório Magno e se encontra já nos livros litúrgicos antigos. Desse modo, o embolismo do Pai-Nosso, introduzido no Missal pelo papa Gregório, contava ainda com uma súplica intercessora a Nossa Senhora e aos santos, mas sempre intercedendo o livramento do mal. A reforma litúrgica (1963) enxugou o texto nos moldes propostos do Missal de Paulo VI. "Livrai-nos de todos os males, ó Pai, e dai-nos hoje a vossa paz". Essa afirmação insiste no pedido da libertação do mal – o Maligno – e dos males que ameaçam a vida humana. Assim, embolismo, na liturgia, é um rito litúrgico que se inspira e dá continuidade à oração. No aspecto litúrgico, o Embolismo pode datar dos primeiros séculos, sob várias formas, encontradas, em sua maioria, nas Igrejas orientais, particularmente na liturgia da Igreja Síria; as liturgias gregas de S. Basílio e S. João Crisóstomo, contudo, não a contêm. A Igreja Romana fazia ligação a uma petição de Paz na qual inseria os nomes da Mãe de Deus, S. Pedro, S. Paulo e S. André (encontrado no Sacramentário Gelasiano); durante a Idade Média, as ordens religiosas e igrejas provinciais adicionavam os nomes de seus patronos, santos e fundadores, a critério do celebrante.

ESCAPULÁRIO: do latim *scapula*, escápula, é um pedaço de pano que envolve integralmente os ombros de quem o veste. O tecido varia em forma, cor, tamanho e estilo, dependendo do uso para o qual foi produzido, nomeadamente para atividades monásticas ou de devoção. Hoje em dia, o escapulário é um sacramental usado principalmente pelos católicos, que possui uma foto do Sagrado Coração de Jesus na parte de trás e na frente uma foto de Nossa Senhora do Carmo. Sua versão metálica é usada também como item de moda. O escapulário do Carmo é um sinal externo de devoção mariana, que consiste na consagração à Santíssima Virgem Maria, por meio da inscrição na Ordem Carmelita, na esperança de sua proteção maternal. Ele é um sacramental. No dizer do Vaticano II, "um sinal sagrado, segundo o modelo dos sacramentos, por intermédio do qual significam efeitos, sobretudo espirituais, que se obtêm pela intercessão da Igreja" (SC 60). "A devoção do escapulário do Carmo fez descer sobre o mundo copiosa chuva de graças espirituais e temporais" (Pio XII, 6/8/50).

ESPÓRTULA: donativo em dinheiro ou gêneros, auxílio, esmola, ajuda. Espórtulas são os valores estipulados pela Igreja quando esta ministra alguns sacramentos, como batismo, crisma e matrimônio, especialmente a Santa Missa por alguma intenção especial. Ou ainda quando um sacerdote é chamado para celebrar fora de sua paróquia. O valor da espórtula para cada sacramento é determinado (tabelado) pelo bispo diocesano, e não pode ser cobrado a mais. Além do mais, quem comprovadamente não puder pagar ou oferecer um valor menor, não pode ser privado do sacramento, que é direito gratuito do fiel. O Código de Direito Canônico, cânon 945 – § 1, afirma: "Segundo o costume aprovado pela Igreja, a qualquer sacerdote que celebra ou concelebra a Missa, é permitido receber a espórtula oferecida para que ele aplique a Missa segundo determinada intenção. § 2". Recomenda-se vivamente aos sacerdotes que, mesmo sem receber nenhuma espórtula, celebrem a Missa segundo a intenção dos fiéis, especialmente dos pobres. Assim, espórtula é uma contribuição dada ao padre por ocasião da celebração de um sacramento, ou mesmo de uma bênção, quando ela é solicitada fora da igreja, em algum local específico, mas isso é opcional, ficando a critério da generosidade de quem convida.

ESTANDARTE: no âmbito religioso, estandarte é um símbolo, que pode ser uma bandeira, como, por exemplo, a do Sagrado Coração de Jesus, da Legião de Maria, da Confraria da Paixão, entre outras Irmandades, ricamente bordada, às vezes em fios de ouro, que não se prestam a ser hasteadas e sim levadas pelos membros dessas irmandades, como símbolo-guias, utilizada em diversas circunstâncias, como, por exemplo, encontros, reuniões, congressos, celebrações etc. Ela consiste em um tecido quadrado, retangular, eventualmente farpado, com duas ou mais pontas, no qual está pintada a imagem ou emblema de sua comunidade ou confraria (normalmente a imagem de um santo ou da Virgem), entre outros símbolos. É, portanto, uma insígnia religiosa e doutrinal. O termo é aplicado a vários tipos de bandeiras diferentes: bandeiras militares, bandeiras de corporações ou comunidades religiosas, bandeiras distintivas de chefes de estado ou de pessoas de famílias reais. Os estandartes religiosos são comumente suportados por uma vara horizontal, que forma uma cruz com a haste.

ESTOLA: é um paramento litúrgico essencial do sacerdote e sem ela não é permitido celebrar a Missa nem ouvir confissões. A estola simboliza a dignidade sacerdotal e é usada em todas as celebrações litúrgicas. É constituída por uma faixa de pano, de tecido digno, de 1/5 a 2/0 metros de comprimento e 3 a 4 cm de largura, de acordo com a altura do sacerdote. Há também estolas curtas, modelo praticamente em desuso, geralmente usadas para atender confissões. As extremidades da estola podem ser retas ou ampliadas para fora, ter duas ou três pontas. O centro da estola é desgastado em torno da parte de trás do pescoço e as duas extremidades pendem paralelas umas às outras na frente, ligadas ou soltas. Os diáconos usam estolas transversais. Ela é quase sempre decorada de alguma forma, geralmente com uma cruz ou uns desenhos/bordados referentes ao tempo litúrgico. Muitas vezes, é decorada com galões contrastantes com bordados e franja. Um pedaço de linho branco ou rendas podem ser costurados na parte de trás do colarinho como um guarda de suor. Juntamente com o cíngulo e também o manípulo (extinto em algumas localidades), a estola simboliza os laços e as algemas com as quais Jesus estava vinculado durante sua Paixão. Também representa o poder e a autoridade do sacerdote na celebração litúrgica. Para alguns sacramentos, usam-se cores apropriadas na estola, como, por exemplo, roxa para confissões e celebrações de exéquias; branca para batismo e primeiras eucaristias; vermelha para a crisma. As cores litúrgicas utilizadas para a estola são indicadas pela Igreja e estão na Instrução Geral do Missal Romano, n. 308: branca ou dourada (festas de Nosso Senhor, Tempo do Natal, Tempo pascal, festas de Nossa Senhora, Dedicação de uma igreja ou de um altar e festas dos santos não mártires); vermelha (Domingo de Ramos, Sexta-feira Santa, Domingo de Pentecostes, em festas de santos mártires e nas missas votivas do Espírito Santo); verde (Tempo Comum – 34 semanas); róseo ou rosa (domingos da alegria, que são o *Gaudete*

– 3º Domingo do Advento – e o *Laetare* – 4º Domingo da Quaresma); roxa (tempos do Advento e da Quaresma, missas dos fiéis defuntos); azul (memórias de Nossa Senhora); preta (exéquias e funerais).

EPICLESE: na teologia cristã epiclese, do grego antigo, ἐπίκλησις – *epíklesis*, fusão das palavras *epí* e *kaléō*: "invocar sobre", é a oração de invocação que pede a descida do Espírito Santo nos sacramentos. É especialmente importante e fundamental na Missa e ocorre depois do canto do *Santo*, em que o sacerdote pede que o Espírito Santo desça sobre a comunidade e as oferendas do pão e do vinho. O Catecismo da Igreja Católica traz vários cânones e várias instruções sobre a necessidade e o meio de aplicar a epiclese. Existem diferentes interpretações sobre seu significado entre católicos e ortodoxos. Enquanto os ortodoxos professam ser essencial na Liturgia Eucarística das palavras da consagração, os católicos creem que a consagração do pão e do vinho se faz pela repetição das palavras de Cristo: *Isto é o meu Corpo* [...] *Isto é o meu Sangue* [...]. De fato, a epiclese não constava originalmente no Cânon Romano (Oração Eucarística nº I), embora as Orações Eucarísticas compostas, após o Concílio Vaticano II (1962-65), incluam a invocação, não para corrigir uma suposta falha anterior, mas apenas como fidelidade a uma antiga tradição. Após a oblação, ou ofertório, diz-se "Celebrando, pois, a memória [...]" ou "Celebrando, agora, ó Pai", e segue-se a segunda epiclese, quando novamente o Espírito Santo é invocado sobre toda a assembleia, que se torna um só corpo e um só espírito. Assim, epiclese é a invocação que se eleva a Deus para que envie seu Espírito Santo e transforme as coisas ou as pessoas. Vem do grego, *epi-kaleo* (chamar sobre), e do latim, *in-vocare*. Na Oração Eucarística da Missa, há duas epicleses (cf. IGMR 79c): a) a que o sacerdote pronuncia sobre os dons do pão e do vinho, com as mãos estendidas sobre eles, dizendo, por exemplo: "Santificai estes dons, derramando sobre eles Vosso Espírito, de modo que se convertam, para nós, no Corpo e Sangue de Nosso Senhor Jesus Cristo" (Oração Eucarística II); esta é a epiclese consacratória; outras Orações Eucarísticas pedem que o Espírito "torne", "abençoe", "santifique", "transforme" o pão e o vinho; b) a que o sacerdote diz na mesma Oração Eucarística, depois do memorial e da oferenda, pedindo a Deus que de novo envie seu Espírito, desta vez sobre a comunidade que vai participar da Eucaristia, para que também se transforme, ou se vá construindo na unidade: "humildemente vos suplicamos que, participando do Corpo e Sangue de Cristo, sejamos pelo Espírito Santo congregados na unidade" (Oração Eucarística II); esta é a epiclese "de comunhão", que, em outras Orações Eucarísticas, pede que "sejamos em Cristo um só corpo e um só espírito"; "Derramai sobre nós o Espírito... fortalecei vosso povo com o Corpo e o Sangue do vosso Filho e renovai-nos a todos à sua imagem [...]".

EVANGELIÁRIO: livro litúrgico que reúne os evangelhos proclamados pelos diáconos, padres e bispos nas Missas dominicais e solenidades. Nas missas durante a semana, geralmente, não se usa o evangeliário, mas sim o Lecionário correspondente ao tempo litúrgico. Como o próprio nome diz, ele contém os Evangelhos para os domingos e as festas do ano litúrgico, ou seja, contém trechos dos evangelhos de Mateus, Marcos, Lucas e João, que são divididos em um período de três anos. Também é conhecido como Livro dos Evangelhos. Sua entrada, no começo da Missa, é bem solene, geralmente é levado ao altar por um diácono ou, na falta desse, um leitor, ou o librífero. Antes da proclamação do Evangelho, ele é mantido no centro do altar. Na Aclamação, é levado ao Ambão, ou à Mesa da Palavra, e o diácono ou o sacerdote proclama de forma solene o Evangelho. Seu uso está previsto na Instrução Geral do Missal Romano e na Instrução do Lecionário. O papa Bento XVI, em sua Exortação Apostólica *Verbum Domini*, prevê o uso do Evangeliário em todas as festas e solenidades, inclusive em todos os domingos, já que, pela Doutrina da Igreja, o domingo é a celebração da Páscoa do Senhor.

FAIXA DA BATINA: a faixa encontrada na batina representa muito mais do que uma forma de hierarquizar a Igreja, simboliza a prontidão para o serviço e a castidade. Usa-se sempre do lado esquerdo, somente por cima da batina. Desse modo, quando se usa batina, se usa uma faixa, que atada à cintura, tem duplo significado: 1º) A castidade (antigamente se acreditava que a libido sexual estava diretamente relacionada aos rins; então rins cingidos significava castidade); 2°) A Igreja peregrina na terra (quando Israel fazia grandes peregrinações usava-se um cíngulo para cingir os rins de modo que ao caminhar não ficassem doloridos; assim rins cingidos significa peregrinação). A cor da faixa varia segundo o grau na hierarquia católica: preta para seminaristas, diáconos e padres; violácea para padres com título de Monsenhor, bispos e arcebispos; vermelha para cardeal e branca para o Papa. Assim, ela correspondente à dignidade de cada um. Além desses, há outros significados complementares: da esquerda para a direita: azul – própria do Instituto Cristo Rei e Sumo Sacerdote, é da cor própria, inspirada naquela com a qual São Francisco de Sales é representado na arte; vermelha – própria dos cardeais; violácea – própria dos Bispos e também dos Monsenhores Prelados de Honra de sua Santidade e dos Protonotários Apostólicos; preta – próprio dos Seminaristas, Diáconos, Padres e na batina cotidiana episcopal.

FRAÇÃO DO PÃO: gesto feito pelo presidente da celebração de partir a hóstia consagrada e colocar um pequeno pedaço no cálice. A fração do pão significa que todos os fiéis vão participar no mesmo Alimento, e o gesto de colocar parte da hóstia no cálice simboliza a união do pão e do vinho consagrados: uma vez consagrados, o pão e o vinho formam uma unidade, o Corpo vivo de Cristo, e recordam o mistério da ressurreição. O sacerdote parte o pão eucarístico, ajudado, se for o caso, pelo diácono ou um concelebrante. Esse gesto, realizado por Cristo na última Ceia, que, no tempo apostólico, deu o nome a toda ação eucarística, significa que muitos fiéis, pela Comunhão no único Pão da vida, que é o Cristo, morto e ressuscitado pela salvação do mundo, formam um só corpo (*1Cor 10,17*). A fração se inicia terminada a transmissão da paz e é realizada com a devida reverência. Esse rito é reservado ao sacerdote e ao diácono. O sacerdote faz a fração do pão. O grupo dos cantores ou o cantor ordinariamente canta ou, ao menos, diz em voz alta a súplica *Cordeiro de Deus*, à qual o povo responde. A invocação acompanha a fração do pão; por isso pode repeti-la quantas vezes for necessário até o final do rito. A última vez, conclui-se com as palavras *dai-nos a paz* (n. 56c; 113).

GALHETAS: pequenos recipientes, em geral de vidro, ou metal, para colocar a água e o vinho, que serão utilizados nas Missas. São, geralmente, similares a miniaturas de ânforas ou pequenas jarras com tampa. As galhetas vêm sempre acompanhadas de uma pequena bandeja e, às vezes, com uma colherinha para medir a quantidade de água a ser colocada no cálice com vinho. Recomenda-se que não se utilize como vaso sagrado as galhetas destinadas para vinagre e azeite, comumente encontradas em supermercados e lojas de departamentos. As galhetas litúrgicas são encontradas somente em casas especializadas em objetos sagrados.

GENUFLEXÃO: é uma modalidade de reverência diante do sagrado que consiste em dobrar os joelhos até o chão. Ela pode ser simples ou dupla. A simples consiste em dobrar apenas joelho direito até o chão; a dupla consiste em dobrar os dois joelhos. Aquela é feita quando se passa diante do Santíssimo Sacramento. Esta, nos momentos de oração, como, por exemplo, durante a consagração. Seu sentido etimológico vem do latim "genuflexione", oriunda de "genuflectere", que significa dobrar o joelho, ajoelhar; em uma forma figurativa bajular, adular, reverenciar. Ela pode ser tomada, também, como um ato de respeito, submissão. No aspecto religioso, a genuflexão simples significa adoração; por isso ela é reservada ao Santíssimo Sacramento e à santa Cruz desde a solene adoração na ação litúrgica da Sexta-feira da Paixão do Senhor, até o início da Vigília pascal. Na Missa, o sacerdote celebrante faz três genuflexões: após a ostensão da hóstia, após a ostensão do cálice e antes da Comunhão. Mas, se o sacrário com o Santíssimo Sacramento estiver no presbitério, o sacerdote, o diácono e os outros ministros genufletem quando chegam ao altar, ou quando se afastam dele, não, porém, durante a própria celebração da Missa. Aliás, todos os que passam diante do Santíssimo Sacramento genufletem, a não ser quando se vai em procissão. Os ministros que levam a cruz processional, ou os círios, em vez de genufletirem, fazem uma inclinação de cabeça.

GENUFLEXÓRIO: trata-se de uma mobília dos espaços sagrados (igreja), geralmente feita em madeira, com uma base de apoio para os braços e outra para o joelho. Como o próprio nome diz, é destinado para se ajoelhar para orações, adorações ou recepção de sacramentos. O genuflexório pode ser acolchoado ou não. Há um suporte no topo para descansar os braços e também uma inclinação ou borda para apoiar um livro. Pode ser fixo ou não e, geralmente, é instalado na parte de trás dos bancos das Igrejas, para que os fiéis, em ato de misericórdia, possam fazer suas preces e orações. Pode estar na sala do Santíssimo ou ser colocado onde for mais conveniente. Na etimologia da palavra, podemos entender melhor: "genu" é o equivalente em francês para "joelho", que, por sua vez, vem do latim "genuculu"; já a palavra flexório, é bastante óbvia, flexionar. Em suma, lugar de flexionar os joelhos. Também chamado de *"misericórdia"*, ou ainda, propiciatório, como o objeto bíblico, o genuflexório é uma pequena estante de madeira na parte de baixo de um assento dobrável em uma igreja, instalado para fornecer um grau de conforto para uma pessoa que se mantém durante longos períodos de oração. É um termo mais usado para uma transportável cadeira ou banquinho, com encosto, sobre o qual as pessoas igualmente se ajoelham para rezar por ter sido incorporada uma almofada, forrada geralmente a damasco, para dar conforto aos joelhos (*"genu"*, do francês). Cf. Propiciatório.

HOMILIA: pregação proferida pelo presidente da celebração em estilo familiar que busca explicar as leituras bíblicas proferidas durante a Missa. Antigamente, era chamada de "sermão". A homilia vem logo após a proclamação do evangelho e não deveria ultrapassar 15 minutos. O tempo ideal de uma homilia, segundo alguns homiliastas, é de dez a doze minutos. Esse termo só é aplicado a ministros consagrados. Quando um leigo dirige a celebração da Palavra, usa-se o termo "reflexão bíblica", ou outro equivalente, mas nunca o termo homilia.

HÓSTIA (do latim "hostia" = "vítima" – oferecida à divindade em sacrifícios públicos): partícula fina, circular, de pão ázimo (massa de farinha de trigo e água, assada sem fermento), que se transubstancia no Corpo Cristo, nas Missas, durante o rito da Consagração. Sem fermento, para lembrar a fuga apressada do povo hebreu do Egito e a pureza de Cristo. A forma redonda significa o círculo, forma da perfeição, ou seja, de Deus, sem princípio e sem-fim.

HÓSTIA MAGNA: por sua vez, magna significa "maior", é a hóstia utilizada pelo celebrante. É assim chamada porque possui um tamanho maior que as hóstias distribuídas aos fiéis, para que todos possam vê-la no momento da elevação, após a consagração.

ÍCONE: nas igrejas orientais, é a representação de personagem ou cena sagrada em pintura sobre madeira, mosaicos etc. e considerado sagrado e objeto de culto. A palavra vem do grego *eikon*, que significa imagem. O ícone é a representação da mensagem cristã descrita por palavras nos Evangelhos. Trata-se de uma criação bizantina do século V, quando da oferta de uma representação da Virgem, atribuída pela tradição a São Lucas. Quando da queda de Constantinopla em 1453, foi a população dos Balcãs que contribuiu para difundir e incrementar a produção dessa representação sacra, sendo na Rússia o local onde assume um significado particular e de grande importância. O simbolismo e a tradição não englobam somente o aspecto pictórico, mas também aquele relativo à preparação espiritual e aos materiais utilizados.

ICTOS: cf. Ductos. Os *ictos* consistem em movimentos únicos do turíbulo, com uma pausa entre eles e não sucessivos, no rito da incensação.

INCENSO: (do latim: Incendere, "queimar") é composto de materiais aromáticos chamados bióticos (originado por seres vivos – no caso, plantas) que liberam fumaça perfumada quando queimadas. O "incenso" refere-se à substância em si, mais do que ao cheiro que produz. É usado em cerimônias religiosas, rituais de purificação, aromaterapias, meditação, para a criação de um estado de espírito e para mascarar algum mau odor. Seu uso se originou no Antigo Egito, onde as resinas de goma e resinas oleosas de árvores aromáticas foram importadas das costas da Arábia e Somália para serem usadas em cerimônias religiosas. Na Igreja, usamos o incenso em Missas solenes, exposições do Santíssimo Sacramento e algumas procissões. Dessa forma, o propósito do uso do incenso na missa é simbolizar as orações dos fiéis se elevando a Deus. Ou seja, o uso do incenso é um símbolo de oração. O ritual mosaico empregava o incenso em muitos sacrifícios, só ou com outros perfumes; havia também o altar dos perfumes em que se queimava incenso de manhã e de tarde. Os cristãos adotaram cedo o uso do incenso. Em Jerusalém, no século IV, já se empregava em todos os grandes Ofícios.

INCLINAÇÃO: significa a reverência e a honra que se presta às próprias pessoas ou a seus símbolos. As inclinações são de duas espécies: inclinação de cabeça e inclinação do corpo. a) A inclinação de cabeça faz-se ao nomear as três Pessoas divinas conjuntamente, ao nome de Jesus, da Virgem Santa Maria e do Santo em cuja honra é celebrada a Missa. b) A inclinação do corpo, ou inclinação profunda, faz-se: ao altar; às orações "Purificai meu coração" (*Munda cor meum*) e "De coração humilhado" (*In spíritu humilitátis*); no Símbolo, às palavras "E encarnou pelo Espírito Santo" (*Et incarnátus est*); no Cânone Romano, às palavras "Humildemente vos suplicamos" (*Supplices te rogamus*). Também o diácono faz inclinação profunda ao pedir a bênção, antes da proclamação do Evangelho. Além disso, o sacerdote faz uma pequena inclinação enquanto diz as palavras do Senhor, na consagração.

INCENSAÇÃO: ato de incensar. Em toda a incensação, há de a distinguir dois elementos: o ducto e o icto. Para incensar, é preciso segurar as cadeias, isto é, o turíbulo, pela extremidade superior entre o polegar e o indicador da mão esquerda, de maneira que o disco que as prende assente sobre esses dois dedos; apertá-los com a mão estendida (conservando os outros dedos juntos e estendidos); pegar no turíbulo fechado pela extremidade inferior das cadeias, junto do opérculo; e sustentá-lo à altura do peito. Em um só movimento, elevá-lo à altura do rosto e dirigir-se horizontalmente para a pessoa ou objeto a incensar – ducto. Nessa posição, imprimir ao turíbulo um ligeiro movimento de oscilação em direção à mesma pessoa ou ao mesmo objeto – icto. Este segundo movimento, efetua-se uma ou duas vezes, conforme os casos; daí a designação de ducto simples (de um só icto), ou ducto duplo (de dois ictus). Quanto ao número de ductos e ictus: três ductos de dois ictus: o Santíssimo, a cruz do altar, as relíquias da Santa Cruz e outras da paixão, as imagens do Salvador, o livro dos Evangelhos, os bispos, o presidente da celebração. Dois ductos de dois ictus: relíquias dos santos, ministros sagrados, prelados não revestidos de dignidade episcopal. Um ducto de um só icto: o altar, as oblatas, os ministros inferiores. Três ductos de um icto: as velas, as cinzas, os ramos e outros objetos, depois de bentas, o túmulo, o povo (nesse caso, incensa-se primeiro o meio, depois o lado esquerdo, por fim, o direito). A Instrução Geral do Missal Romano, n. 276, esclarece que a incensação exprime reverência e oração e diz também quando pode usar-se o incenso em qualquer forma de celebração da missa: a) durante a procissão de entrada; b) no princípio da Missa, para incensar a cruz e o altar; c) na procissão e proclamação do Evangelho; d) depois de colocados o pão e o cálice sobre o altar, para incensar as oblatas, a cruz, o altar, o sacerdote e o povo; e) na ostensão da hóstia e do cálice, depois da consagração. O n. 277 diz como se deve fazer a incensação: "Antes e depois da incensação, faz-se uma inclinação profunda para a pessoa ou coisa incensada, exceto ao altar e às oblatas para o sacrifício da Missa". Este mesmo n. 277 diz também qual o número de "ductos" em cada caso (o "ducto" é cada uma das oscilações que se imprimem ao turíbulo, para diante e para trás): "Incensam-se com três ductos do turíbulo: o Santíssimo Sacramento, as relíquias da santa Cruz e as imagens do Senhor expostas à veneração pública, as oblatas para o sacrifício da Missa, a cruz do altar, o Evangeliário, o círio pascal, o sacerdote e o povo. Incensam-se com dois ductos as relíquias e imagens dos Santos expostas à veneração pública, e só no início da celebração, depois da incensação do altar". Por fim, este mesmo n. 277 fala do simples "icto" (um "icto" é cada um dos impulsos dados ao turíbulo para a frente): "A incensação do altar faz-se com simples ictos do seguinte modo: a) se o altar está separado da parede, o sacerdote incensa-o em toda a volta; b) se o altar não está separado da parede, o sacerdote incensa-o primeiro do lado direito e depois do lado esquerdo. Se a cruz está sobre o altar ou junto dele, é incensada antes da incensação do altar; aliás, é incensada quando o sacerdote passa diante dela. O sacerdote incensa as oblatas com três ductos do turíbulo, antes de incensar a cruz e o altar, ou fazendo, com o turíbulo, o sinal da cruz sobre as oblatas".

INTINÇÃO: do latim, *intingere* (molhar, submergir algo num líquido), é um substantivo feminino que na Liturgia significa ato de lançar no vinho consagrado parte da hóstia grande consagrada na missa; é também o gesto de umedecer a partícula consagrada no vinho consagrado e oferecer aos fiéis na comunhão sob duas espécies, durante a Missa. Os orientais, normalmente, utilizam uma colherzinha para realizar essa intinção. Nos primeiros séculos, não se fazia uso desta maneira de comungar sob as duas espécies, simplesmente, bebia-se do cálice. Por exemplo, o Concílio de Braga (de 675), em Portugal, proibia a intinção, por ser pouco expressiva. Com efeito, ela é mais prática. Por vezes, por razões pastorais, pode ser oportuna a comunhão sob as duas espécies, a realizar com o máximo de cuidado e delicadeza, pelo próprio ministro ou pelos fiéis (José Aldazábal).

LADAINHA: ladainha ou *kyrielle* é uma forma poética com origem na poesia trovadoresca, que significa súplica rezada em conjunto pelos fiéis. O nome *kyrielle* provém do grego *Kyrie*, significando Senhor, muito usado na liturgia católica, como, por exemplo, no *Kyrie eleison* (Senhor, tende piedade), aproximando-se por vezes de uma litania com as repetições de um mantra. A ladainha é também prece litúrgica, estruturada na forma de curtas invocações a Deus, a Jesus Cristo, à Virgem, aos santos, recitada pelo celebrante, que se alterna com as respostas da assembleia. Há também ladainhas longas, e dessas originou-se a expressão negativa, do senso comum, de "ladainha" como falatórios intermináveis. Nas Missas, elas, que são numerosas, dependendo do que é pedido nas diversas celebrações, estão presentes em cerimônias de ordenação sacerdotal, na noite da vigília pascal, na celebração de todos os santos, entre outras ocasiões em que a liturgia faculta a recitação de ladainhas.

LAETARE: cf. Domingo Laetare.

LÂMPADA DO SACRÁRIO: uma luz, geralmente de cor avermelhada, que deve permanecer constantemente acesa na sala ou no local onde se encontra o Santíssimo Sacramento. É sinal da presença de

Cristo, Luz do Mundo, no tabernáculo ou sacrário. Serve como sinal de alerta, demonstrando que ali é lugar de profunda atenção e profundo respeito. Por essa razão, ao passar diante do tabernáculo com a lâmpada acesa, deve-se fazer genuflexão. Quando o Santíssimo Sacramento é retirado do sacrário por um tempo longo, a lâmpada deve ser apagada, como, por exemplo, na noite da Quinta-feira Santa, quando o Santíssimo é retirado do sacrário e transladado para a sala de reposição até a noite da Vigília Pascal. Nesse período, a porta do sacrário deve permanecer aberta e sua lâmpada, desligada.

LAUDES: as *Laudes* são uma das horas litúrgicas, celebradas de manhã. Seu nome completo é *Laudes matutinas*, que significa *louvores da manhã*. Juntamente com as vésperas, é um dos polos do Ofício cotidiano (Instrução Geral da Liturgia das Horas, 37), sendo, por isso, uma das horas em que os cristãos mais insistentemente são convidados a celebrar, na medida de suas possibilidades (IGLH n. 40). Os clérigos têm a obrigação de rezar todas as horas litúrgicas, mas tal obrigação recai, sobretudo, sobre *Laudes* e *Vésperas*, que não devem ser omitidas, "a não ser por motivo grave" (IGLH n. 29). A oração de *Laudes* destina-se a santificar o tempo da manhã, consagrando a Deus os primeiros movimentos e a atividade de todo o dia que começa. Além disso, evoca a ressurreição de Cristo, a que a hora matutina desde sempre está associada.

LAVABO: pequena vasilha com água para se purificarem os dedos, antes de se tocar na Eucaristia, ou após tocá-la. É uma espécie de purificador, que pode ser uma bacia com uma jarra ou outro recipiente similar com a mesma função. Ele faz parte dos vasos sagrados e deve ser um recipiente digno como qualquer outra peça de altar, ou auxiliar as peças de altar, como é o caso do lavabo, que fica na credência e só é levado próximo ao altar no momento de o presidente da celebração purificar as mãos. Esse momento é após a preparação das oferendas.

LECIONÁRIO: livro oficial da Igreja que contém as leituras bíblicas. Há três tipos de Lecionário: o Dominical, que contém as leituras dos anos A, B e C do calendário litúrgico – a sigla **ABC** significa que

que, em cada um desses anos, há leituras próprias; ele também é usado nas festas e solenidades; o Lecionário Semanal, ou ferial, usado nas missas semanais (de segunda-feira a sábado até o meio-dia) e na Quarta-feira de Cinzas – este não é dividido em anos A, B, e C, mas em um ciclo ferial dos anos pares (p) e ímpares (i); e Lecionário Santoral, usado nas missas em louvor à Virgem Maria, aos santos e às santas, nas missas votivas e das diversas circunstâncias.

LECTIO DIVINA: ou leitura orante da Bíblia, é um método de oração dos monges medievais, recomendado ainda hoje para uma oração eficaz a partir da Palavra de Deus. Esse método consiste em quatro passos: leitura, meditação, oração e contemplação. Com esses quatro passos bem dados, a pessoa consegue extrair do texto bíblico elementos que lhe auxiliam em sua vida espiritual.

LEITORADO: ou leitorato, cargo ou função de leitor. Na hierarquia dos sacramentos, o leitorado, juntamente com o acolitado, são graus que antecedem o sacramento da ordem. Antes de um seminarista ou leigo receberem o sacramento do diaconato, eles recebem esses graus de leitorado e acolitado, podendo ser oficialmente leitores e acólitos nas Missas.

LIBRÍFERO: nome atribuído ao acólito ou coroinha, cuja função é preparar os livros litúrgicos para as celebrações ou carregar o livro sagrado (Bíblia ou Lecionário) durante a procissão de entrada na Missa. Responsabilidades do librífero: 1) preparar no Lecionário as leituras da Missa, separando-as pelas fitas, e deixar o Lecionário no ambão, depois de preparado, ou na sacristia se ele for entrar em procissão; preparar o Missal, podendo seguir as cores das fitas conforme escolha e deixá-lo na credência da sacristia, ou onde irá iniciar a procissão de entrada; preparar a leitura do evangelho, se em uma Missa solene for usado o Evangeliário, e deixá-lo ou sobre o altar ou na credência junto ao Missal, se for entrar em procissão.

A atribuições do librífero durante a missa serão: na procissão de entrada, caminhar atrás dos acólitos do altar, segurando o Missal um pouco elevado. Chegando ao altar, fazer pequena inclinação e ir para seu lugar no presbitério. Após o sinal da cruz, ato penitencial e canto do glória, quando o sacerdote rezar o Oremos, apresentar o Missal, abrindo-o na página correspondente para o sacerdote rezar a Oração da Coleta. Terminada a Oração, fechar o Missal e retornar a seu lugar – deve estar atento e esperar completar totalmente a oração; como referência, o sacerdote irá tocar no missal como sinal para o acólito voltar a seu lugar no presbitério. No momento do ofertório, quando o sacerdote descer do presbitério para receber as oferendas, o librífero deverá pegar a almofada, ou o suporte, na credência e colocá-la sobre o altar para repousar o Missal. Ele deve deixar o Missal aberto na fita correspondente para o sacerdote rezar a oração sobre as oferendas. Quando no momento da comunhão o sacerdote descer do presbitério para distribuir a Eucaristia, o librífero deverá retirar do altar o Missal e a almofada, ou o suporte, e os deixar na credência. Depois de o sacerdote distribuir a Eucaristia, retornar ao altar, purificar os vasos sagrados e, quando se rezar novamente o oremos, apresentar o Missal, abrindo-o na fita correspondente para o sacerdote rezar a oração depois da comunhão. Terminada a oração, fechar o Missal e retornar a seu lugar. Após os avisos paroquiais, no momento da bênção final, apresentar novamente o Missal ao sacerdote abrindo-o na fita correspondente, para a oração antes da bênção. Após a bênção, retornar a seu lugar. Ao final da missa, depois de o sacerdote reverenciar o altar com o beijo, o librífero deverá descer junto com ele do presbitério, para juntos fazerem a reverência ao altar, acompanhar a procissão de saída da mesma forma que na procissão de entrada. Depois da despedida na sacristia, o librífero deverá guardar o Missal, Lecionário e, quando houver, também o Evangeliário, no devido lugar.

LITANIA: a litania é o mesmo que ladainha. É uma forma de oração utilizada no culto cristão que consiste em uma série de preces organizada em curtas invocações feitas alternadamente entre um solista e a assembleia, produzindo um efeito encantatório. A resposta da assembleia pode ser *Kyrie eleison*, "rogai por nós", "ouvi-nos". A liturgia ortodoxa distingue entre *ectenis* (orações de intercessão intensa) e litanias (súplicas).

LITURGIA: conjunto dos elementos e das práticas do culto religioso, como, por exemplo, Missa, orações, cerimônias, sacramentos, objetos de culto etc., instituídos por uma Igreja ou seita religiosa. Liturgia é, portanto, o conjunto das formas (palavras, gestos) utilizadas na realização de cada um dos ofícios, sacramentos e seus ritos. É a compilação de **ritos e cerimônias** relativos aos ofícios divinos das igrejas cristãs. É uma palavra que se aplica mais a **Missas** ou **rituais** da **Igreja Católica**. A palavra tem origem no grego *leitourgos*, que servia para descrever alguém que fazia serviço público ou liderava uma cerimônia sagrada. Apesar de a palavra liturgia ser usada na Antiguidade, só depois dos séculos VIII e IX passou a ser usada no contexto da Eucaristia na Igreja grega. O termo passou a fazer parte da Igreja Católica mais tarde, por volta do século XVI. A manifestação central da liturgia é a celebração do mistério da Paixão, morte e ressurreição de Jesus Cristo e a prestação de culto a Deus. Inicialmente a liturgia era da responsabilidade dos apóstolos e bispos, mas é sabido que algumas igrejas criaram sua própria liturgia, como a Igreja de Alexandria, no Egito, e de Antioquia, na Síria. Até a metade do século XVI, não havia uma regra geral e obrigatória para a liturgia, que foi implementada por Pio V e Clemente VIII. O Concílio Vaticano II significou sua renovação, dando maior relevo à Sagrada Escritura na Liturgia da Palavra, incluindo a utilização de outras línguas em vez do latim, de forma que mais pessoas pudessem participar mais ativamente. A liturgia luterana derivou de ritos da missa católica e adotou formas de oração e de canto. A Igreja calvinista, por exemplo, simplificou a liturgia, mas a anglicana manteve quase todas as tradições litúrgicas da Igreja Católica. Existem várias manifestações de liturgia, como a liturgia ambrosiana, liturgia de S. João Crisóstomo, liturgia moçárabe, liturgias orientais. Existe a **liturgia das horas**, sendo esse nome a designação de leituras para horas diferentes do dia, com hinos e passagens bíblicas. Também existe a **liturgia comentada**, com textos explicativos a respeito da liturgia em questão.

LITURGIA DAS HORAS: também chamada Ofício Divino, é a oração pública e comunitária oficial da Igreja Católica. A palavra ofício vem do latim "opus", que significa "obra". É o momento de parar em meio a toda a agitação da vida e recordar que a Obra é de Deus. Consiste basicamente na oração feita em diversos momentos do dia, por meio de Salmos e cânticos, da leitura de passagens bíblicas e da elevação de preces a Deus. Com essa oração, a Igreja procura cumprir o mandato que recebeu de Cristo: orar incessantemente, louvando a Deus e pedindo-lhe por si e por todos os homens. Liturgia das Horas é nome escolhido durante a reforma litúrgica pós-Concílio Vaticano II, e atualmente em uso. Exprime a característica de ser uma ação litúrgica da Igreja, e que, portanto, torna presentes os mistérios da salvação, com o objetivo peculiar de santificar as diversas horas do dia. Ela é conhecida também como Ofício divino, nome utilizado durante séculos, até o Concílio Vaticano II, que exprimia o carácter de obrigatoriedade (ofício) dessa oração para os clérigos. Ao mesmo tempo, remetia ao dever de rezar, dado por Deus a seus fiéis. O livro da Liturgia das Horas, ou Ofício Divino é o Breviário. Esse nome é dado ao livro em que se encontram os textos dessa oração e que acabou por designar a própria oração. O nome "Breviário" provém do século XI, quando apareceu um livro que continha todos os textos necessários para o Ofício divino, que condensava em um só volume o que, até então, se encontrava repartido por vários livros. Por ser mais "breve" e prático, passou a ser conhecido por esse nome, que se manteve até a última reforma litúrgica para designar cada um dos volumes (*Breviarium Romanum*). Hoje a liturgia das horas, ou ofício divino, encontra-se também na versão eletrônica, podendo ser rezada usando aparelhos como celulares e outras ferramentas eletrônicas, com muito mais praticidade.

MANTRA: mantra é um hino curto, uma espécie de jaculatória, que é dita de forma repetida e tem como objetivo relaxar e induzir um estado de meditação em quem canta ou escuta. Um mantra é definido como um instrumento de pensamento. Na liturgia católica, os mantras são utilizados para propiciar um ambiente de oração antes de uma celebração ou em outros momentos oracionais. Ele consiste na repetição de uma frase bíblica ou um canto religioso, que invoca a presença de Deus.

MATINAS: o mesmo que Ofício das Leituras. Após o Concílio Vaticano II, as *Matinas* da Igreja Católica foram mudadas e agora é denominada oficialmente *Ofício das Leituras*. Algumas ordens religiosas monásticas mantêm a designação "matinas" para esse momento de oração. Matinas é a hora mais temporã do amanhecer, que servia como hora de oração na Igreja Católica e na Igreja Ortodoxa na liturgia das Horas canônicas. Na liturgia das horas, ou horas canônicas, é a primeira parte do ofício divino, que se reza pela manhã.

MATRACA: é um instrumento muito antigo tocado durante a Semana Santa, entre a Quinta-feira Santa e o Domingo de Páscoa, em substituição aos sinos.

MEMÓRIA FACULTATIVA: quando encontramos no Missal Romano a expressão "memória facultativa", significa que aquela memória é opcional. Por exemplo, a memória facultativa de um santo: significa que o presidente da celebração pode escolher se faz ou não aquela memória naquele dia. Todo dia no calendário da Igreja há a memória de um santo, e, como não é possível celebrar todos, oficialmente, muitos deles estão como memória facultativa. Outro exemplo é a memória de santos fundadores de Ordens religiosas, Congregações e Institutos. A maioria é de memória facultativa para a Igreja, mas de memória obrigatória para os membros daquela Ordem, Congregação ou Instituto.

MANUSTÉRGIO: pequeno pano, ou pequena toalha, para o sacerdote enxugar os dedos (ou as mãos – "manus"), após purificá-los, durante a preparação das ofertas. O manustérgio, como o próprio nome diz, é apenas para enxugar as mãos após o rito da purificação, e não para enxugar suor ou outro uso inadequado. Para secar suor deve ser usado o manípulo.

MESA CREDENCIAL: ou credência, é uma pequena mesa onde se colocam os utensílios a serem utilizados nas celebrações, como galhetas, manustérgio, sanguíneo, cálice, cibório, missal, entre outros. Pode ficar no presbitério ou até na entrada da igreja quando se for fazer procissão com oferendas.

MESA DA PALAVRA: ambão, lugar onde se proclama a Palavra.

MESTRE DE CERIMÔNIA: cf. Cerimoniário.

MISSA ESTACIONAL: missa solene presidida pelo bispo. Pode ser a Missa de tomada de posse do Bispo em uma Diocese, ou em outra ocasião solene. Se for a Missa da tomada de posse do Bispo, essa celebração, como orienta a constituição *Sacrossanctum Concilium*, sobre a Sagrada liturgia, é presidida pelo bispo que, na qualidade de sumo sacerdote de seu rebanho, celebra a eucaristia cercado por seu presbitério e ministros, com a plena e ativa participação de todo o povo santo de Deus. É por meio da Missa Estacional que se manifesta a unidade da Igreja local e, ao mesmo tempo, a diversidade dos ministérios ao redor do bispo e da Sagrada Eucaristia. (LB/JS).

MISSA TRIDENTINA: ou Missa de São Pio V, é a liturgia da Missa do Rito Romano contida nas edições típicas do Missal Romano, que foram publicadas de 1570-1962. Foi a liturgia da Missa mais amplamente celebrada em todo o mundo, até que o Concílio Vaticano II pediu sua revisão, o que ocasionou a promulgação de uma nova liturgia pelo papa Paulo VI, em 1969, conhecida como Missa de Paulo VI. Chama-se tridentina (gentílico de Trento, na Itália) porque é baseada em uma revisão do Missal Romano, pedida pelo Concílio de Trento ao Papa, e aplicada pelo papa São Pio V, em 1570. Em 2007, o papa Bento XVI regulamentou a possibilidade do uso da liturgia tridentina no *motu* próprio *Summorum Pontificum*; nas Missas privadas celebradas sem o povo, os padres da Igreja latina podem usar livremente a liturgia tridentina na forma que tinha em 1962. Também pode ser usada publicamente em paróquias, se houver um grupo estável de fiéis (*coetus fidelium*) que a assista.

MISSAL ROMANO: livro oficial da Igreja, usado nas Missas de rito romano para as leituras próprias de quem preside a celebração e para os sacerdotes concelebrantes. É o livro do altar. Ele contém todo o rito da Missa, outras orações e outros ritos complementares para diversas circunstâncias. Antes da grande reforma litúrgica efetuada por Paulo VI, o Missal Romano previa a celebração da chamada Missa tridentina, que era a forma anterior do rito romano, cujo uso foi amplamente restaurado pelo papa Bento XVI por meio do *motu proprio Summorum Pontificum* e da instrução *Universae Ecclesiae*.

A forma ordinária da celebração da Missa, segundo o rito romano, continua a ser a do Missal Romano reformado e publicado por Paulo VI (chamada também de *Novus Ordo Missae*).

MITRA: espécie de barrete ou chapéu alto e cônico, fendido lateralmente na parte superior e com duas faixas que caem sobre os ombros, que os bispos, arcebispos e cardeais põem na cabeça em solenidades pontificais. Consiste de duas peças rígidas, de formato aproximadamente pentagonal, terminadas em ponta, por isso, às vezes, são chamadas *corno* ou *cúspides*, costuradas pelos lados e unidas por cima por um tecido, podendo ser dobradas conjuntamente. As duas cúspides superiores são livres e na parte inferior forma-se um espaço que permite colocá-la na cabeça. Há duas faixas franjadas na parte posterior, chamadas ínfulas, que descem até as espáduas. A mitra é também a insígnia da autoridade do bispo, utilizada não apenas pelos prelados da Igreja Católica, mas também da Igreja Ortodoxa e da Igreja Anglicana, sejam eles: abades, bispos, arcebispos, cardeais ou mesmo o Papa. Ela é a cobertura de cabeça prelatícia de cerimônia. A mitra usada pelo bispo simboliza um capacete de defesa que deve tornar o prelado terrível aos adversários da verdade. Por isso, apenas aos bispos, salvo por especial delegação, cabe a imposição do Espírito Santo no sacramento da Crisma ou Confirmação. Na teoria, ela sempre é supostamente branca, com adornos correspondentes ao brasão do bispo ou de sua diocese ou ambos brasões. É também o lugar de despacho do bispo, uma espécie de escritório onde estão concentradas as atividades burocráticas do Bispo e da diocese. Sua origem se perde no tempo, mas uma teoria diz que deriva de um símbolo militar. É pelo fato de ser um símbolo de autoridade que se usa para designar territórios administrativos da Igreja. Por isso é que se diz "Mitra Diocesana" ou "Mitra Arquidiocesana" de tal e tal lugar.

MONIÇÃO: vem do latim *monere* (exortar, advertir). Fora do uso litúrgico, a palavra tem certo tom pejorativo: "admoestar", isto é, dar um aviso à maneira de repreensão. Na liturgia, chama-se "monição" as palavras que se dirigem, não a Deus (essas são orações), mas à comunidade, à maneira de explicação ou de convite. No Concílio (cf. SC 29), fala-se de "comentadores" (*commentatores*), designação também encontrada na introdução do Missal (cf. IGMR 105b). Há monições de tipo indicativo, que assinalam as posições ou dão normas para organizar uma procissão; há outras explicativas, como as que se dão antes da leitura, com o fim de a situar em seu contexto para que se entenda melhor; outras são exortativas, convidando a fazer algo (um cântico, uma oração, a comunhão), a partir de uma atitude espiritual determinada. A monição é um ministério litúrgico muito antigo, que o diácono assumia normalmente, atuando de intermediário entre o presidente e a comunidade, e ajudava a participar na celebração com as convenientes atitudes interiores e exteriores. Só em nosso tempo, a partir da Instrução sobre a música litúrgica de 1958, tomou uma forma mais concreta a figura do monitor. O Missal define-o como "comentador, incumbido de fazer aos fiéis, se for oportuno, breves explicações e admonições (*admonitiones* indicaria algo mais que "avisos"), a fim de os introduzir na celebração e os dispor a compreendê-la melhor" (IGMR 105b). Algumas monições são mais próprias do presidente, como a da entrada e o convite aos diversos momentos de oração ou à comunhão. Outras costumam assumir o diácono, quando existe, como as organizativas, as intenções da Oração Universal, o convite a dar a Paz e o "Ide em paz" final. Há monições que se podem entregar a outros ministros, como as que ambientam uma leitura ou um cântico, ou as de tipo organizativo, se não houver diácono. O monitor ou comentador não atua a partir do ambão, mas de outro lugar diferente ou de um microfone lateral. O ambão reserva-se para a proclamação da Palavra (cf. IGMR 105). As monições dentro da celebração deveriam ter as qualidades que o Concílio pede – "breves", e "só nos momentos mais oportunos, com as palavras prescritas ou semelhantes" (SC 35) – e também o Missal – "as admonições do comentador devem ser cuidadosamente preparadas e muito sóbrias" (IGMR 105) –; no caso das monições às leituras, "sejam simples, fiéis ao texto, breves, preparadas com diligência" (OLM 15), "oportunas, claras, sóbrias, cuidadosamente preparadas, normalmente escritas e previamente aprovadas pelo celebrante" (OLM 57) (explicação de José Aldazábal). É um termo do Direito Canônico relativo a um aviso judicial emitido por um bispo. Comentário para introduzir a Liturgia da Palavra (monição ambiental); ou mesmo: comentário para cada uma das leituras da missa (monição à primeira leitura, monição à segunda leitura e monição ao evangelho).

NAVE (de "navio", "barca"): o espaço central, em igrejas ou capelas, onde fica o povo. Em sentido restrito, o corredor central desde a entrada até o presbitério.

NAVETA (do italiano "navetta" = pequeno navio): recipiente em forma de barca em que se serve o incenso para ser colocado no turíbulo. Há em outros formatos.

NAVETEIRO: aquele que se responsabiliza pela naveta com o incenso durante a celebração da Missa; o que carrega a naveta durante a procissão de entrada na Missa, ou outra procissão que leva incenso.

OBLATAS: palavra de origem latina *"oblatus"*, que, por sua vez, é o particípio passado do verbo *"oferre"*, que significa "oferecer, apresentar". Na origem da palavra "oblata", que no contexto se entende também a oferta ou a oblação, encontra-se o gesto oferente (ou oferecedor) de apresentar a oferenda. Na Liturgia Eucarística, as oblatas, que em português se traduz como "oferendas", são o pão e o vinho, apresentados no início da Liturgia Eucarística (IGMR 73), levados ao Presidente da celebração, no rito da procissão das oferendas. A mesma IGMR 73 lembra que, antigamente, as oferendas eram trazidas de casa e ofertadas à Igreja no momento da preparação das oferendas. Quem presidia escolhia a oferenda mais apresentável para ser consagrada. As que sobravam (pão, vinho e outros gêneros alimentares) eram distribuídas entre os pobres. Hoje, esse gesto é feito pela coleta de dinheiro ou de outras ofertas. No rito da preparação das oferendas, o padre as prepara com fórmulas de bênçãos, com a incensação e o convite aos celebrantes para que intercedam a Deus o acolhimento das oferendas da Igreja. Ele é concluído com a oração sobre as oferendas, que em latim se chama "super oblata". Oblata é, portanto, também ato de o sacerdote oferecer a Deus o pão e o vinho para a consagração; a hóstia e o vinho (com água), no cálice, antes de sua consagração na missa. É o que, na Igreja, se dá a Deus, ou aos santos, para as despesas do culto ou como remuneração de alguns serviços do sacerdote, como, por exemplo, em funerais. Oferenda feita a Deus ou aos santos, oblação, oferecimento, oferta.

OFÍCIO DAS LEITURAS: parte da liturgia das horas. Sua origem está na antiga oração de Matinas, palavra que significa madrugada. Era constituída por uma série de vigílias, ou noturnos, cujo número variava conforme a importância e solenidade do dia litúrgico. A partir do costume romano de dividir a noite em vigílias, as primeiras comunidades monásticas, sobretudo com São Bento de Núrsia, instituíram também uma oração ao longo da madrugada, que previa vários noturnos, em que o sono se interrompia para a oração. O termo matinas, a hora mais temporã do amanhecer, também se usou em algumas denominações do protestantismo para descrever os serviços matutinos. Após o Concílio Vaticano II, as *Matinas* da Igreja Católica foram mudadas e agora é denominada oficialmente *Ofício das Leituras*. Algumas ordens religiosas monásticas mantêm a designação "matinas" para esse momento de oração. Tal costume foi adaptado também para comunidades não monásticas e para os clérigos na recitação individual. Contudo, diante da dificuldade de adaptar rigorosamente o costume monástico de várias orações durante a madrugada, o ofício de Matinas foi reduzido, sem perder seu caráter noturno. Ao longo dos séculos, essa oração apresentava-se como a oração noturna. No entanto a prática e as exigências pastorais não permitiam que esse horário fosse observado por grande número de clérigos seculares. Desse modo, diante da necessidade de adaptar o ofício divino às exigências atuais e de dar às leituras bíblicas e patrísticas seu papel central nessa oração, o Concílio Vaticano II decretou que "as Matinas, continuando embora, quando recitadas em coro, com a índole de louvor noturno, devem adaptar-se para ser recitadas a qualquer hora do dia; tenham menos salmos e leituras mais extensas" (*Sacrosanctum Concilium* n. 89c). A reforma incidiu também sobre as leituras constantes do Ofício.

OPA: do latim *Opa* e do grego *οπή*: buraco, cava, abertura entre as métopas ou na parede para passar uma trava, é um tipo de capa sem mangas, com aberturas nas cavas, por onde passam os braços, e na frente é presa apenas no colarinho, deixando aparecer a veste inferior, em sua parte do peito. É usada pelos membros de confrarias, quando participam de alguma função religiosa solene, e pelos membros de algumas cortes, no exercício de suas funções. As cores das opas variam conforme a tradição de cada confraria ou de cada corte. É citada na peça "Os irmãos das almas", de Martins Penas, em que dois personagens se disfarçam de confrades, utilizando esse vestuário, para retirar esmolas. Na liturgia católica, é a veste branca usada pelos ministros extraordinários da Sagrada Comunhão Eucarística, o mesmo que jaleco. Os membros da Confraria da Paixão e da Irmandade do Santíssimo usam opa roxa. Os modelos de opa variam de acordo com a função e, até mesmo, na mesma função.

OPÉRCULO: a parte de cima do turíbulo que serve de tampa, cujos numerosos orifícios deixam sair o perfume do incenso. O turíbulo tem o aspecto de uma esfera de metal, muitas vezes em prata, mais ou menos ornamentada, suspensa por correntes do incensador, que são unidas pela cápsula, e do opérculo, que é rematada por uma argola. A esfera abre-se e a parte de baixo do incensador serve para colocar as pastilhas de carvão e receber o incenso. O turiferário, de frente para o sacerdote, saúda-o com inclinação de cabeça, abre o turíbulo e, conservando-o na mão esquerda, preso pelo cadeado, faz subir, com a mão direita, a argola e levanta o opérculo à altura devida, mantendo-o imóvel de maneira que os cadeados não impeçam a imposição do incenso. Conservando a mão esquerda por debaixo da cápsula, enquanto a mão direita deixa cair o cadeado do opérculo, deixa fechar o opérculo do turíbulo, logo que o sacerdote abençoa o incenso. Para entregar o turíbulo, pega-se nele com a mão direita na cápsula, e com a mão esquerda junto ao opérculo. Ao mesmo tempo, dirige-se a cápsula para o lado direito e a parte inferior do turíbulo para a esquerda.

OSTENSÓRIO: ou custódia (do latim "ostendere", ostentar, mostrar), objeto específico que serve para expor à adoração pública o

Corpo de Cristo, na forma de Hóstia consagrada. O ostensório é uma peça de ourivesaria usada em atos de adoração ao Santíssimo, para expor solenemente a hóstia consagrada sobre o altar, ou para transportá-la solenemente em procissão. Na falta de um ostensório, o cibório pode ser utilizado para o mesmo fim. O ostensório é, em geral, composto de um corpo principal, adornado com motivos de ourivesaria, em geral feito de prata dourada ou mesmo de ouro, com um centro transparente, de cristal, em que é exposta a hóstia consagrada. Alguns ostensórios são verdadeiras obras de arte.

PALA: cartão quadrado revestido por um pano, com que o sacerdote recobre o cálice ou a patena. A pala pode ser confeccionada nas cores do tempo litúrgico, mas o recomendado é que seja com tecido branco e ricamente bordada, formando um jogo com o corporal, sanguíneo e manustérgio.

PÁLIO: sobrecéu portátil, com varas, usado em procissões, sob o qual caminha o sacerdote com o Santíssimo Sacramento na Custódia ou Ostensório. Pálio é também uma espécie de colarinho de lã branca, com cerca de cinco centímetros de largura e dois apêndices – um na frente e outro nas costas, com 6 cruzes bordadas – que expressa a unidade com o sucessor de Pedro. Originalmente, era exclusivo dos Papas, depois seu uso foi estendido aos metropolitas e primazes, como símbolo de jurisdição delegada a eles pelo Soberano Pontífice. Destinado, portanto, aos bispos que assumem uma Arquidiocese, o pálio simboliza o poder na província e sua comunhão com a Igreja Católica, ministério pastoral dos arcebispos e sua união com o Bispo de Roma. É o mesmo que Dossel.

PARAMENTOS: vestes litúrgicas, usadas nas diversas celebrações, sobretudo pelos ministros consagrados.

PATENA: pequeno prato, em formato circular, de metal dourado ou prateado, que recebe a Hóstia grande ou magna. Há patenas confeccionadas de outros materiais, como, por exemplo, cerâmica ou vidro, mas esses não são recomendados, como não é recomendado o uso, como vaso sagrado, de nenhum objeto confeccionado com plástico ou material acrílico, pois esses não conferem a dignidade pedida na liturgia.

PERSIGNAÇÃO: é o gesto do Sinal da Cruz (a persignação), um modo de assinalar-se ou de assinalar outras pessoas e os objetos. Ela guarda, como sinal, os mesmos significados utilizados nas Escrituras Sagradas para outros sinais: penhor, confirmação, proteção divina, distinguir-se como povo de Deus e, principalmente, sinal de santificação, eleição e salvação. A cruz é o Sinal de Cristo. E, como exemplos de persignação, citamos a que é feita com óleo, no Santo Batismo e na Confirmação, em que se assinala a fronte do batizando, dizendo: "Eu te assinalo com a Cruz, o sinal de Cristo". Persignar-se é também fazer três cruzes com o dedo polegar da mão direita aberta: a primeira na testa; a segunda na boca; a terceira no peito, dizendo: Pelo Sinal + da Santa Cruz, livrai-nos, Deus, + Nosso Senhor, dos nossos + Inimigos. Existe uma piedosa explicação que nos diz que a cruz na testa é para Deus nos livrar dos maus pensamentos; na boca, para nos livrar das más palavras; e, no peito, para nos livrar das más ações. Mas existe um sentindo Litúrgico mais abrangente e expressivo para o verdadeiro cristão autêntico na fé e na boa nova do Evangelho: a cruz na testa lembra que o Evangelho deve ser entendido, estudado, conhecido; a cruz nos lábios lembra que o evangelho deve ser proclamado, anunciado (missão de todo cristão); e a cruz no peito, à altura do coração, indica-nos que o evangelho, acima de tudo, deve ser vivido, pregado e testemunhado por todos os que acreditam que Cristo ressuscitou. Também o sacerdote ou diácono que for fazer a proclamação e leitura do Evangelho, deve fazer a cruz no Livro Sagrado a ser lido, indicando com isso que cada palavra pronunciada deve ser um despertar para cada cristão ser luz e sal para o mundo. O momento em que geralmente fazemos o persignar-se é na liturgia da palavra, quando nos preparamos para ouvir a Palavra de Deus. Devemos, com isso, também estarmos de pé, indicando, com essa posição, que estamos prontos para seguir, dispostos a marchar com Jesus para onde Ele nos levar.

PIA BATISMAL: é uma espécie de vaso, ou tanque, no interior de uma igreja, geralmente no espaço do batistério, em que se coloca a água destinada ao batismo e na qual o candidato ao batismo é imerso, ou banhado, ou sobre a qual o ministro do batismo derramará água na cabeça do batizando. São geralmente construídas de pedra e, raramente, de metal ou madeira. É quase sempre apoiada sobre um pedestal ou umas colunas. A pia batismal (também conhecida erroneamente como batistério, porque este se refere ao local onde se encontra a pia batismal) normalmente é colocada na entrada do Templo, simbolizando que introduz a pessoa, o catecúmeno, na comunidade da Igreja. Pelo Batismo a pessoa se torna cristã, um membro do Corpo vivo de Cristo, que é a Igreja. Une-se a Cristo tanto no sofrimento como na glória, tanto na cruz como na ressurreição; une--se ao Cristo morto e vivo.

PÍXIDE: cf. Âmbula.

PLUVIAL: (do latim *"pluvia"*, chuva) – cf. Capa de Asperges.

PRECÔNIO PASCAL: o mesmo que Anúncio Pascal ou *Exultet*. É um hino antigo, que data do fim do século II, e lembra a maravilhosa história de nossa salvação, que culmina com a Ressurreição de Jesus Cristo, nossa luz. "Alegre-se, exulte" é a primeira palavra do Precônio Pascal que o diácono canta no início da Vigília Pascal, enquanto os fiéis, com suas velas acesas na mão, escutam atentamente: *exsultet iam angélica turba colorum* (alegre-se a multidão celeste dos anjos). Também se chama "Angélica". É como um lucernário gozoso, ou um Prefácio solene da grande Festa Pascal, cheio de lirismo, convidando à alegria e ao louvor, pelo que essa noite significa para a comunidade cristã. É a noite em que Deus tirou os Israelitas da escravidão do Egito. E, sobretudo, a noite do êxodo e da libertação, realizados por Cristo para todos nós. Noite ditosa, iluminada pela Luz, que é Cristo. O Círio é o símbolo simples e expressivo dessa festa, em que todos participam da libertação salvadora da Páscoa. Esse pregão canta-se solenemente, em sua versão mais longa ou abreviada, do ambão, reservado, normalmente, para a Palavra revelada de Deus, depois de incensado o Círio, e se intercalam, se parecer oportuno, aclamações cantadas por parte da comunidade, que, durante seu canto, mantém na mão as velas pessoais, que se acenderam do Círio Pascal. No Missal o título do hino é *"Præconium"*, como aparece na fórmula usada na bênção dada ao diácono: *ut digne et competenter annunties suum Paschale præconium*. O *Liber Pontificalis* atribui sua introdução na Igreja Romana local pelo papa Zózimo. A fórmula usada para o *Præconium* não foi sempre o *Exsulte*", embora talvez seja verdade dizer que ela sobreviveu. No *Liber Ordinum*, por exemplo, a fórmula é de uma bênção, e o Sacramentário Gelasiano traz a oração *Deus mundi conditor*, não encontrada em outro lugar, mas contendo o notável "louvor da abelha", que, possivelmente uma reminiscência, é encontrado com algumas modificações em todos os textos do *Præconium* até o dia de hoje. Há também o precônio do Natal, com o mesmo significado. Ir. Miria T. Colling diz: "Tem toda a razão de ser, pois esta noite luminosa, em que celebramos o Natal do Senhor, nossa Luz e nossa Vida, já tem um caráter pascal e carrega em si o mistério inteiro da salvação, conforme São Leão: *Neste dia começa a brilhar para nós o dia de nossa redenção*".

PRESBITÉRIO: local da igreja ou capela onde fica o altar, ou o lugar do sacerdote ou dos sacerdotes nos sacrifícios eucarísticos. Presbitério é o lugar do presbítero, do ancião, da autoridade eclesiástica. Esse nome é dado a diversos termos relacionados com a atividade dos presbíteros (sacerdotes) e pode designar: a residência do sacerdote; o edifício de uma igreja paroquial; um espaço no templo cristão, situado junto do altar-mor. Presbitério é uma palavra que vem do grego (*presbyteros* = "ancião"). Na Igreja primitiva, o presbítero era o chefe da comunidade e o coletivo dele era presbitério, algo ainda usado na Igreja católica para se referir ao colégio dos presbíteros. Ainda no tempo dos apóstolos, foi instituído um conselho de anciãos para a administração de cada igreja local. A partir do imperador romano Constantino (séc. IV), que permitiu que os cristãos construíssem templos, as basílicas passaram a reservar e destacar, arquitetonicamente, perto ou ao redor do altar, o presbitério, ou seja, um espaço onde se assentavam os presbíteros. Geralmente, eram colocados dois bancos semicirculares situados de um lado e de outro da cadeira (cátedra) do bispo. Antes da reforma litúrgica do Concílio Vaticano II (1962-1965), o presbitério era cercado e ali só entravam os presbíteros, isto é, os sacerdotes, os acólitos e o sacristão. Depois da reforma, as novas igrejas construíram o presbitério mais aberto, em um plano um pouco mais alto, com alguns degraus. Na linguagem popular, podemos dizer que, nas igrejas, é o lugar reservado para os padres e os ministros extraordinários da Sagrada Comunhão eucarística, que ajudam na celebração da Eucaristia.

PÚLPITO: lugar próprio para pregações, homilias, embora atualmente possam ser feitas da mesa da Palavra ou ambão, pois a maioria das igrejas hoje não tem mais púlpito e as mais antigas, que ainda o conservam, não o utilizam para proferir as homilias e pregações. Os púlpitos, onde ainda existem, encontram-se nas laterais, em uma espécie de tribuna, geralmente elevada. Ficam em um lugar estratégico por questão de visibilidade de toda a assembleia e para que a voz do pregador seja ouvida por todos; lembrando que, na época em que eram muito usados, não se utilizava microfone nas pregações.

RELICÁRIO: recipiente em que se expõem relíquias. Do latim *relicarium*, lugar dos restos/ das relíquias, é um objeto que se assemelha, às vezes, a um ostensório, ou a uma caixa grande, dependendo do que se quer guardar. É o Objeto Litúrgico usado para se colocarem relíquias da Santa Cruz ou dos santos para a veneração de seus fiéis. Por relíquia entende-se um fragmento da Santa Cruz ou dos corpos dos santos e beatos que, conforme definido pelo II Concílio de Niceia em 787, recebem nossa veneração. O Relicário, quando exposto à veneração dos fiéis, nunca deve ser colocado sobre o altar, que se destina exclusivamente ao Corpo e Sangue do Senhor, à Eucaristia. Ele deve sempre ser colocado sobre uma mesa digna. O Relicário pode ser conduzido em procissão e ser utilizado para dar a bênção ao povo antes da procissão final. Contudo é preciso cuidar para que os fiéis não deem demasiada importância às relíquias em detrimento da Eucaristia.

REVERÊNCIA: leve gesto de inclinação. Respeito profundo por alguém ou algo, em função das virtudes, qualidades que possui ou parece possuir, consideração, deferência. Tratamento que se dispensa aos eclesiásticos. No espaço sagrado se pede reverência diante do altar ou da mesa da Palavra antes de proclamar a leitura bíblica. Cf. vênia.

RUBRICAS: do Latim "rubrica", que se refere a "rubro, vermelho", são orientações. No Missal Romano, por exemplo, elas aparecem em letras menores e na cor vermelha. Significa também assinatura abreviada de alguém ou uma pequena anotação. Nos manuscritos antigos e códices, rubrica designava a letra ou a linha inicial de um capítulo escrita em vermelho.

SACRÁRIO: (do latim "sacrus", sagrado) ou tabernáculo, é o local, nas igrejas, onde se guardam as hóstias consagradas; um lugar de destaque, geralmente no presbitério, ou em pequenas capelas próximas. Lembra a Tenda, no deserto, onde se guardava a Arca da Aliança, que continha as Tábuas dos Mandamentos e o "Maná" (pão do céu), alimento dado ao povo hebreu em sua caminhada rumo à Terra Prometida. Junto do sacrário permanece uma luz acesa, a lâmpada do sacrário, para indicar que ali está o Santíssimo Sacramento, isto é, Jesus presente na Eucaristia.

SALMO RESPONSORIAL: salmo de resposta. A Instrução Geral do Missal Romano (n. 36) esclarece que a primeira leitura é seguida do salmo responsorial, parte integrante da liturgia da Palavra, o qual tem, por si mesmo, grande importância litúrgica e pastoral por favorecer a meditação da Palavra de Deus. O salmo responsorial corresponde a cada leitura e habitualmente é tomado do Lecionário. Convém que ele seja cantado, pelo menos no que se refere à resposta do povo. O salmista ou cantor do salmo, do ambão ou de outro lugar conveniente, recita os versículos do salmo; toda a assembleia os escuta, sentada ou, de preferência, deles participa do modo costumeiro com o refrão, a não ser que eles sejam recitados todo seguido, sem refrão. Todavia, para facilitar ao povo a resposta salmódica (refrão), fez-se, para os diferentes tempos e as várias categorias de santos, uma seleção de responsórios e salmos, que podem ser utilizados, em vez do texto correspondente à leitura, quando o salmo é cantado. Se o salmo não puder ser cantado, recita-o do modo mais indicado para favorecer a meditação da Palavra de Deus. Vale lembrar que o Salmo responsorial, ou seja, o salmo de resposta da primeira leitura, não pode ser substituído uma vez que ele tem a função de responder ao que foi lido ou proclamado antes.

SALTÉRIO: é conjunto dos salmos de que a Igreja se serve para suas celebrações, sobretudo na Liturgia das Horas e na Missa. A Igreja faz do Saltério as entranhas da liturgia e do ofício divino, e, assim, a linha sálmica sempre foi considerada fundamento da oração cristã, consciência de que se desenvolveu mais ainda com a reforma litúrgica do Concílio Vaticano II. Nos salmos se encontram todas as vicissitudes da vida, desde os brados de angústia, de aflição, de fracassos e de prantos, até os felizes hinos de glória, de exultação, de vitória, de reconhecimento, como também de admiração e de contemplação das maravilhas de Deus (João de Araújo). Um saltério é um compêndio contendo o livro dos Salmos (150 Salmos) da Bíblia. Ele faz parte da Liturgia das Horas e é usado também como prática devocional, bem como nas orações diárias nos Mosteiros e Conventos para o Ofício Divino na recitação das Horas Canônicas e das orações do clero em geral. Essa prática vem desde as épocas em que o monaquismo foi estabelecido pelo Patriarca São Bento de Núrsia. Até a emergência da era da Idade Média, houve-se livro de horas, saltérios eram os livros mais amplamente propriedade de leigos ricos e comumente usados para aprender a ler. Eram ricamente iluminados e incluem alguns dos exemplos mais espetaculares de cultura e da arte medieval. Ele também é usado na cultura judaica.

SANGUÍNEO: ou sanguinho, ou ainda, purificatório, é uma espécie de pano retangular e comprido, que serve para purificar, ou seja, limpar o cálice, a patena e as âmbulas após a comunhão. Também serve para cobrir a boca do cálice, enquanto a patena ficar por cima dele, antes de seu uso na Liturgia Eucarística.

SEQUÊNCIA: ou *Sequentia* (plural: *sequentiae*), é um termo latino usado para designar um trecho de canto gregoriano, proveniente das tradições literárias – por isso também chamado de prosa –, cantado durante a Missa em algumas ocasiões. Por muitos séculos foi cantado antes da leitura do Evangelho, mas, com a reforma da liturgia católica em 1970, a *sequentia* foi levada para antes do *Alleluia*, logo após a segunda leitura. Assim, a "sequência" é um hino que canta loas – de forma lírica e expressiva – sobre determinado tema da devoção cristã. Esse gênero musical surgiu por volta do século IX. Sua popularidade foi tamanha que, dois séculos depois, já havia um número aproximado de 5.000 "sequências". Praticamente, para cada festa ou outra circunstância, existia uma "sequência" própria. O papa Pìo V (século XVI) conservou em seu missal somente cinco "sequências": "Victmae paschalli laudes" (Páscoa); "Veni Sancte Spiritus" (Pentecostes); "Lauda Sion Savatorem" (Corpus Christi); "Stabat Mater Dolorosa" (N. Sra. das Dors); "Dies Irae" (Missa dos fiéis defuntos). O missal romano pós-Vaticano II deixou de fora a "Dies irae" e manteve as outras quatro "sequências". Porém são de uso obrigatório apenas duas: a da Páscoa e a de Pentecostes. A origem da "sequência" está ligada a um costume medieval de acrescentar à vogal final – antes da proclamação do Evangelho – uma série de notas que se desdobravam em um longo modular a voz, chamada por muitos de "jubilus do Aleluia" ou "sequência". Essa jubilação aleluiática, com o passar do tempo, atingiu um grau de complexidade técnica tão elevado, que somente profissionais do canto (solistas, coros...) poderiam executá-la. Em uma tentativa de favorecer a participação do povo, ao longo dos séculos, foram introduzidos textos sob o "jubilus" do aleluia. Estes, aos poucos, foram ampliados e ajustados com um formato de extensos hinos chamados "sequência" (Cf. FONSECA, Joaquim, Cantando a Missa e o Ofício Divino. Paulus, 2004).

SINETA: ou carrilhão, é usada para chamar atenção da assembleia e anunciar a parte mais importante da Missa: a consagração. Seu uso vem de antes do Concílio Vaticano II, quando a missa ainda era rezada em latim. Naquele tempo era comum as pessoas rezarem o terço durante a Missa. Por essa razão, para avisar do momento da consagração, tocava-se a sineta ou o carrilhão. Esta ainda é tocada no momento da consagração: quando o padre faz a primeira genuflexão, antes de elevar a hóstia e o cálice; quando a Hóstia/o Cálice são elevados; quando o padre faz a segunda genuflexão, depois de elevá-los. Esse é o fundamento das três badaladas curtas. Toca-se a sineta também a cada elevação, segundo os costumes do lugar. Assim, vemos que a forma do toque não é rígida, fixa. Podemos dizer, todavia, que as três badaladas são a forma mais tradicional.

SOBREPELIZ: veste curta, até a cintura, na cor branca, que os clérigos ou sacerdotes (e mesmo acólitos) usam sobre a batina, em algumas funções litúrgicas. Ela faz parte das vestes corais quando usadas por bispos, arcebispos e cardeais. Quando usada por seminaristas, diáconos, padres e acólitos leigos, é sobreposta à veste preta.

SOLENIDADE: é a celebração de grau mais alto, reservada aos mistérios mais importantes de nossa fé, como, por exemplo, a Páscoa, o Pentecostes, a Imaculada Conceição, os principais títulos de Jesus, como Cristo Rei e o Sagrado Coração, além de celebrações que honram alguns santos de particular importância na história da salvação, como é o caso das solenidades de São Pedro e São Paulo e a do nascimento de São João Batista. Nas solenidades, assim como nos domingos, a celebração eucarística tem três leituras, a oração dos fiéis, o Credo e o Glória (inclusive quando a solenidade cai no Advento ou na Quaresma). As solenidades também têm orações próprias exclusivas: antífona de entrada, oração inicial, oração sobre as oferendas, antífona da comunhão e oração depois da comunhão. Na maioria dos casos, há também um prefácio especial. Algumas são festas de preceito e outras não; isso depende da realidade pastoral de cada país e, portanto, do critério da respectiva conferência episcopal. As solenidades que caem nos domingos são celebradas como tais durante o Tempo Comum e o Tempo de Natal, mas costumam ser transferidas para a segunda-feira quando caem em um domingo do Advento, da Quaresma, da Semana Santa e do Tempo Pascal. (Cf. Aleteia)

SOLIDÉU: pequeno chapéu, em forma de calota, usado por bispos. Esse nome provém da expressão "Soli Deo", ou seja, é tirado da cabeça somente diante de Deus. Foi adotado, inicialmente, por razões práticas – manter a parte tonsurada da cabeça aquecida em igrejas frias ou úmidas –, acabando por sobreviver como item tradicional do vestuário clerical com o significado de pertença total a Deus. Consiste em oito partes costuradas, com um pequeno talo no topo. O que pouca gente sabe é que todos os membros ordenados da Igreja Católica podem usar o solidéu e não somente os bispos. Como grande parte da indumentária eclesiástica, a cor do solidéu denota o grau hierárquico do portador: o solidéu do Papa é branco, o dos cardeais é vermelho e designa-se por barrete cardinalício e o dos bispos, abades territoriais e prelados territoriais é violeta. Monsenhores usam solidéu preto com algumas linhas violetas. Padres e diáconos usam solidéu preto, embora não seja comum o uso do solidéu por padres (com exceção dos abades) e extremamente raro por diáconos. Todos os clérigos que possuem caráter episcopal retêm o solidéu durante a maior parte da Missa, removendo-o no início do cânon e recolocando-o depois de concluída a comunhão. Os demais clérigos não podem usá-lo fora da liturgia.

TABERNÁCULO: ou sacrário (do latim "sacrus", sagrado), é o local onde se guardam as hóstias consagradas, nas igrejas, em lugar de destaque, geralmente no presbitério, ou em pequenas capelas próximas. Lembra a Tenda, no deserto, onde se guardava a Arca da Aliança, que continha as Tábuas dos Mandamentos e o "Maná" (pão do céu), alimento dado ao povo hebreu em sua caminhada rumo à Terra Prometida. Na Igreja primitiva, sacerdotes e leigos, após tomarem o pão consagrado nas celebrações eucarísticas, guardavam-no nos sacrários a fim de dá-lo para os doentes e outros que não conseguiram assistir à celebração. Quando se iniciou a paz na Igreja, terminando a perseguição aos cristãos, foi estabelecida a prática de manter a Eucaristia sempre nesses recipientes. Quando as condições financeiras tornavam possíveis, o recipiente era feito geralmente de ouro, com uma pomba dentro normalmente de prata. Ainda hoje os sacrários, ou tabernáculos, são confeccionados com delicadeza litúrgica, sendo sempre uma peça nobre e bem apresentável, conferindo dignidade ao recipiente que conservará a Eucaristia.

TECA: do grego "theke", que significa cofre, estojo, é um pequeno recipiente, em geral redondo, para acondicionamento e transporte de hóstias consagradas, destinadas a comunhões fora da Missa, ou a celebrações da Palavra com distribuição da Eucaristia. A teca é comumente usada pelos ministros extraordinários da Sagrada Comunhão eucarística e pelos padres para levarem-na aos enfermos. Há tecas de vários tamanhos, conforme a necessidade. Evitem-se tecas de plástico ou qualquer outro material que não seja metal.

TEMPO LITÚRGICO: representação anual e sensível da vida de Cristo, recordando os principais acontecimentos que o precederam ou seguiram. É dividido em Anos "A" (evangelho de Mateus), "B" (de Marcos) e "C" (de Lucas). Para se saber qual é o Ano Litúrgico, siga-se a seguinte norma: todos os anos, cuja soma de seus algarismos for divisível por 3, são o Ano C. Vejamos 2010, a soma destes algarismos é 3, que é divisível por 3, sem deixar resto (3: 3 = 1); portanto, 2010 foi Ano C; depois de um Ano C, volta-se ao Ano A, por isso 2011 foi Ano A e 2012, o Ano B. Pelo mesmo raciocínio, 2013 foi Ano C (São Lucas), porque a soma de seus algarismos é 6 (um número múltiplo de 3). Para conhecer mais sobre o ano litúrgico, consulte um manual de liturgia.

TOALHA DE ALTAR: da mesma forma que ela é estendida nas mesas para as refeições, em todas as celebrações, deve-se estender uma toalha sobre o altar ou sobre a mesa a ser utilizada. Nas comunhões dadas a enfermos, em suas residências, também deve ser preparada uma mesa com toalha, corporal e vela acesa. As toalhas de altar devem seguir a cor do tempo litúrgico, porém, sempre recobertas por uma toalha menor, de cor branca. As toalhas de altar podem ser também sempre brancas, independentemente do tempo litúrgico. Elas, geralmente, são adornadas com bordados alusivos a símbolos sagrados, ou outros símbolos, como, por exemplo, uva, trigo, pães, entre outros igualmente relacionados à celebração Eucarística.

TOCHEIRO: aquele que leva as tochas nas Missas solenes; pode ser também chamado de ceroferário. É também chamado de tocheiro o próprio objeto litúrgico da procissão, isto é, a tocha ou recipiente da tocha. Enquanto peça, o tocheiro processional é confeccionado de metal, que pode ser ouro, prata ou bronze, e cercado de vidro para proteger a chama. Ele possui uma longa haste que possibilita que a chama fique no alto e possa iluminar durante a procissão. Há também os "anjos tocheiros", que são esculturas de anjos com tochas na mão.

TRANSLADAÇÃO: ação de transladar, transferir, passar de um lugar para outro: transladação do Santíssimo; transladação de imagens de santos, como ocorre nas procissões; trasladação do féretro, como ocorre por ocasião da morte de alguém, ou transladação dos restos mortais de alguém de uma sepultura para outra. Sobre a transladação do Santíssimo, tem notícias históricas desde o século II. Mas o rito da adoração, na Quinta-feira Santa, entrou na Igreja a partir do século XIII e foi difundindo-se até o século XV. O que mais impulsionou foi a devoção ao Santíssimo Sacramento, a partir da segunda metade do século XIII, época em que o papa Urbano IV decretou a festa de Corpus Christi para toda a Igreja (em 11 de agosto de 1264).Foi, portanto, a prática devocional da eucaristia a principal responsável pela adoração ao Santíssimo na Quinta-feira Santa, após a missa da Ceia do Senhor. O rito atual é muito simples e tem o seguinte significado: após a oração depois da comunhão, o Santíssimo é transladado solenemente em procissão para uma capela lateral ou para um dos altares laterais da igreja, devidamente preparado para recebê-lo. Antes da transladação, o sacerdote prepara o turíbulo e incensa o Santíssimo por três vezes. Depois, realiza-se uma pequena procissão dentro da igreja, que é precedida pelo cruciferário (pessoa que leva a cruz processional), velas e incenso. Durante a procissão, canta-se o "Pange Lingua", traduzido em português, "Vamos todos...", exceto as duas últimas estrofes, "tantum ergo" (tão sublime sacramento...), que são cantadas depois da chegada da procissão na capela lateral, ou capela da reposição, onde ficará o Santíssimo. Após a transladação, a comunidade é convidada a permanecer em adoração solene até um horário conveniente. O significado é de ação de graças pela eucaristia e pela salvação que celebramos nos dias do Tríduo Pascal (cf. Família Católica).

TÚNICA: veste de linho branco, que desce até os pés, ou calcanhar (talar). Lembra a veste nupcial exigida por Cristo (Mt 22,12). Veste litúrgica, conhecida também como alva ou veste talar, que corresponde a uma veste de linho branco, ou outro tecido, que desce até os pés, ou calcanhar. Ela é usada pelos padres e diáconos, seminaristas e demais leigos por ocasião de alguma função litúrgica.

TURÍBULO: recipiente especial, preso a correntes, onde se queima o incenso. Ele é usado geralmente em celebrações solenes.

TURIFERÁRIO: quem carrega o turíbulo nas celebrações ou procissões solenes.

UMBELA: (do latim *umbella*, diminutivo de *umbra*, sombrinha ou guarda-chuva), é uma espécie de guarda-sol ou dossel portátil, sustentado por uma única vara central, para ser levada à mão, que serve para cobrir, como sinal de distinção e honra, nos cortejos e nas procissões solenes, a pessoa ou objeto que mais se pretende honrar. Para uso litúrgico, nas procissões religiosas que se fazem no interior das igrejas, em vez do pálio, utiliza-se a umbela para cobrir o Santíssimo Sacramento, seja no ostensório, seja no cibório. Pode também ser utilizada como símbolo basical, tendo, nesse caso, panos vermelhos e dourados que se alternam, e seguir à frente nas procissões basilicais em conjunto com o tintinabulo.

VÊNIA: leve inclinação, reverência, que corresponde a uma saudação respeitosa, com mesura. Dentro do espaço sagrado, pede-se que se faça vênia diante do altar e da mesa da Palavra antes de proclamar as leituras.

VÉSPERAS: na liturgia católica, as Vésperas são a parte do ofício divino, também chamado Liturgia das Horas, que é celebrada à tarde, entre as 15 e 18 horas. Composições ou cânticos sobre os textos dessa hora canônica também são chamados vésperas. A palavra "vésperas" tem origem no latim, *vespera* ou *vesperae*, que significa "à tarde, ao cerrar da noite", e, por sua vez, deriva de *vésper*, *vésperis* ou *vésperus*, que quer dizer "estrela", *Vésper*, estrela ou planeta de Vênus, quando aparece, à tarde. A oração de Vésperas destina-se a agradecer a Deus todas as graças recebidas e o bem feito no dia. Recordam ainda a obra da redenção de Cristo e sua última Ceia, na qual Ele deixou o memorial da Salvação. Partindo do simbolismo da luz e da escuridão, pede-se que brilhe de novo a luz e implora-se a vinda de Cristo. Juntamente com as *Laudes*, é um dos polos do Ofício cotidiano (Instrução Geral da Liturgia das Horas, n. 37), sendo, por isso, uma das horas em que os cristãos, mais insistentemente, são convidados a celebrar, na medida de suas possibilidades (IGLH n. 40). Os clérigos têm a obrigação de rezar todas as horas litúrgicas, mas tal obrigação recai, sobretudo, sobre as *Laudes* e as *Vésperas*, que não devem ser omitidas, "a não ser por motivo grave" (IGLH 29).

VESTE CORAL: ou vestes corais, é paramento episcopal colorido, que pode variar do vermelho, lilás ou vinho. As vestes corais são também aquelas usadas pelos clérigos para assistir, de um local de destaque, à Santa Missa, modo laico, isto é, sem a celebrar, e para outros atos litúrgicos. Igualmente, são usadas para presidir o Ofício das Leituras, bem como outras horas canônicas celebradas sem grande solenidade, e também para se dirigir publicamente para a igreja ou dela regressar. Podem-se usar vestes corais, facultativamente, para orações privadas e atos de piedade em local sagrado. Os Cardeais usam as mesmas vestes corais. Nas liturgias em que o clérigo não concelebra, usa-se a veste coral e, nesse caso, muda-se a cor da batina para alguns.

VESTE LITÚRGICA: utilizada pela equipe de celebração: bispos, sacerdotes, diáconos, seminaristas, acólitos, coroinhas, ministros extraordinários da sagrada Comunhão Eucarísticas, leitores, salmistas, comentaristas etc.

VESTE TALAR: túnica de linho branco, que desce até os pés, ou calcanhar (talar). Lembra a veste nupcial exigida por Cristo (Mt 22,12). É o mesmo que túnica ou alva.

VÉU DE CIBÓRIO: ou conopeu, é uma capa que recobre a âmbula, cibório ou píxide, quando nesta contêm hóstias consagradas. É também o véu que cobre o sacrário, ou ainda, aquela cortina que comumente se coloca diante do sacrário. Quando o sacrário estiver vazio, recomenda-se retirar o conopeu, como, por exemplo, por ocasião da Quinta-feira Santa, após a missa da instituição da Eucaristia até o sábado santo.

VÉU DO CÁLICE: pano utilizado para cobrir o cálice com o sanguíneo, a pala e a patena.

VÉU UMERAL: (do latim "humerus", ombro) vestimenta no formato retangular, como uma pequena capa ornamentada, utilizada sobre o pluvial, em bênçãos solenes ou procissões com o Ssmo. Sacramento.

VIÁTICO: Eucaristia levada aos enfermos. A palavra viático vem do latim *viaticum* (de *via*, caminho, viagem), com o significado de *provisão para o caminho*. Este é, para a Igreja, não só o caminho da terra, a vida corporal, mas também o caminho do céu, ou seja, a entrada, após a morte, na vida eterna. Para a Igreja, a Eucaristia, que é um dos mais importantes sacramentos, sendo o mais excelente alimento espiritual da terra, é também a ajuda mais preciosa para o moribundo, isto é, para aquele que está enfermo, quando está prestes a iniciar a "derradeira viagem". Segundo a fé católica, essa comunhão reveste um significado especial, porque "é semente de vida eterna e força de ressurreição", assim como "sacramento da passagem da morte para a vida, deste mundo para o Pai". Porém vale destacar que o viático, isto é, a eucaristia para os enfermos, não é mais somente para os que estão à beira da morte, como alguns ainda imaginam, ou definem, mas sim para todos os que estão impossibilitados de irem à igreja. Entre esses enfermos estão incluídos também os que já estão com a vida por um fio. O mesmo vale para a unção dos enfermos, conhecida também como estrema unção, e que até um passado muito recente era ministrada apenas para os que estavam na iminência da morte. Essa apenas o padre ou bispo podem ministrar, enquanto o viático pode ser levado e ministrado por um ministro ou ministra extraordinário da Sagrada Comunhão Eucarística. Ele pode ser levado a domicílio, aos hospitais, às casas de recuperação ou a qualquer outro local onde se encontra a pessoa enferma e impossibilitada de ir à igreja. Outro dado importante de saber é que o viático deve ser ministrado apenas aos doentes que estejam em dia com suas faculdades mentais. Para os que já tiverem perdido a consciência, ou a noção do que seja a Eucaristia, ele deve ser substituído pela unção dos enfermos.

VIGÁRIO PAROQUIAL: aquele que foi designado, com provisão do ordinário local, o bispo, para auxiliar o pároco e exercer as funções a ele confiadas. De acordo com o Código de Direito Canônico (cân. 545), "para o adequado cuidado pastoral da paróquia, sempre que for necessário ou oportuno, pode-se dar ao pároco um ou mais vigários paroquiais que, como cooperadores do pároco e participantes de sua solicitude, prestam sua ajuda no ministério pastoral, de comum acordo e trabalho com o pároco" (cân. 545). O vigário paroquial está sujeito às orientações do pároco. Muitas pessoas não têm clareza do papel do pároco e do vigário, isso porque, no senso comum, o vigário de uma paróquia é comumente confundido como aquele que é o responsável direto pela paróquia, porém o vigário é apenas um auxiliar.

VIMPA: paramento quadrado semelhante ao véu umeral, que é colocado nas costas. É usado para portar as insígnias episcopais (mitra e báculo). Embora seja uma peça semelhante ao véu-umeral, a vimpa é menor e menos enfeitada, usada geralmente em par, ou seja, um pelo mitrífero e outro pelo baculífero. Suas cores variam conforme a cor do tempo litúrgico ou da cerimônia. Além do significado de respeito com as insígnias episcopais, as vimpas possuem um lado prático, que é evitar que o suor das mãos dos Servidores do Altar suje ou danifique as insígnias. A maioria das vimpas é confeccionada em sarja, um tecido leve de toque macio e com excelente caimento, possuindo, em alguns modelos, bolsos nas extremidades internas.

CONSIDERAÇÕES FINAIS

Em vista da importância e da dignidade da celebração Eucarística, como centro da vida cristã, tratei de colocar aqui orientações e sugestões de cunho formativo e informativo, para pessoas e equipes que servem o altar, complementadas por um amplo vocabulário de termos técnicos que ajudam a entender os ritos litúrgicos. Essas orientações servem também para os fiéis de um modo geral, a fim de facilitar não apenas a preparação, para desempenhar esse tão sublime sacramento, mas também para a participação de todos, fazendo com que a Celebração da Eucaristia atinja aquilo a que ela de fato se propõe: ser ápice da ação pela qual Deus santifica o mundo em Cristo e culto que oferecemos ao Pai, adorando-o pelo Cristo, Filho de Deus.[29] Contudo, sem teatralizá-la com ações que representem encenações, nem rotinizá-la pela mecanicidade dos atos propostos pelo ritual. Há uma linha imaginária muito tênue que separa esses dois extremos e é preciso conhecê-la para poder não ultrapassá-la. O desconhecimento das orientações litúrgicas, ou o descaso com elas, pode fazer com que se caia em um destes "pecados" da liturgia, empobrecendo a celebração naquilo que ela tem de mais nobre: o mistério celebrado.

Nossa liturgia é rica de ritos, símbolos e significados. Conhecê-los e colocá-los em prática ajuda a assembleia a viver os mistérios da redenção e torná-los, de certo modo, presentes não apenas enquanto ela está reunida, mas também no dia a dia de cada fiel, em suas atividades cristãs, de modo que elas decorram de modo ordena-

---

[29] Concílio Vaticano II, Constituição sobre a Sagrada Liturgia, *Sacrosanctum Concilium*, n. 10.

do, sintonizadas com a Missa. Cabe, portanto, aos que servem o altar e as equipes de liturgia, juntamente com o presidente da celebração, facilitarem essa sintonia, colocando em prática as orientações da Igreja presentes nas rubricas do Missal Romano e nos documentos que tratam da Sagrada Liturgia. Isso não é ser rubricista, no sentido pejorativo do termo, mas ser fiel à Palavra de Deus.

Que cada um que vai servir o altar veja na liturgia, com seu conjunto de ações simbólicas, sinais sensíveis que ajudam a alimentar, fortalecer e exprimir a fé. Para isso é preciso que todos que participam da equipe de celebração, desde aquele que desempenha a função mais oculta e de pouca visibilidade, até o presidente da celebração, acolham e disponham com o maior cuidado as formas e os elementos propostos pela Igreja, contidos nas orientações litúrgicas e nas rubricas do ritual da Missa, sempre levando em conta as circunstâncias de pessoas e lugares, conforme orienta a Instrução Geral do Missal Romano (n. 5), de modo que todos possam participar mais intensamente da celebração, não apenas como meros espectadores, mas ativamente, obtendo respostas para suas necessidades espirituais.

REFERÊNCIAS BIBLIOGRÁFICAS

ALDAZÁBAL, J. (Comentários de). *Instrução Geral sobre o Missal Romano*. 3ª ed. São Paulo, Paulinas, 2007.
BARONTO, LUIZ EDUARDO P. *Preparando passo a passo a celebração. Um método para as equipes de celebração das comunidades*. São Paulo, Paulus, 1997.
BECKER, UDO. *Dicionário de Símbolos*. São Paulo, Paulus, 1999.
BECKHÄUSER, ALBERTO. *Novas mudanças na Missa*. 4ª ed. Petrópolis, Vozes, 2003.
BUYST, IONE. *A Missa. Memória de Jesus no coração da vida*. Coleção Equipes de Celebração. 5ª ed. Petrópolis, Vozes, 2001.
BUYST, IONE. *Celebração do domingo ao redor da Palavra de Deus*. São Paulo, Paulinas, 2002.
CATECISMO DA IGREJA CATÓLICA. 2ª ed. São Paulo, Loyola, 1993.
CECHINATO, LUIZ. *A Missa parte por parte*. 42ª ed. Petrópolis, Vozes, 2010.
CNBB. *Diretório da Liturgia e da organização da Igreja no Brasil 2011 – Ano A – São Mateus*, Brasília, Edições CNBB, 2010.
CNBB. *Guia Litúrgico-Pastoral*. 2ª ed. Brasília-DF, s/d.
CNBB. *Animação da vida litúrgica no Brasil*. Coleção Documentos da CNBB. São Paulo, Paulinas, 1989.
CNBB. *Orientações para a celebração da Palavra de Deus*. Coleção Documentos da CNBB, n. 52. São Paulo, Paulinas, 1994.
CONCÍLIO VATICANO II. *Mensagens, Discursos e documentos*. 1ª reimpressão. São Paulo, Paulinas, 2011.
CONCÍLIO VATICANO II. Constituição *Sacrosanctum Concilium* sobre a Sagrada Liturgia. In.: *Concílio Vaticano II. Mensagens, Discursos e documentos*. 1ª reimpressão. São Paulo, Paulinas, 2011.

CÓDIGO DE DIREITO CANÔNICO. Tradução da CNBB. São Paulo, Loyola, 2001.

CONGREGAÇÃO PARA O CULTO DIVINO. *Cerimonial dos Bispos. Cerimonial da Igreja.* Restaurado por decreto do Sagrado Concílio Ecumênico Vaticano II e promulgado pela autoridade do papa João Paulo II. Tradução portuguesa adaptada pela CNBB. 4ª Ed. São Paulo, Paulus, 2008.

CONGREGAÇÃO PARA O CULTO DIVINO. *Redemptionis sacramentum* (n. 47), Encíclica, Roma, 1994.

CUNHA, NEWTON. *Dicionário Sesc*: A linguagem da Cultura. São Paulo, Perspectiva; Sesc, 2003.

DERETTI, EDSON ADOLFO. *O ano litúrgico e as suas principais celebrações.* São Paulo, Paulus, 2019.

DUARTE, LUIZ MIGUEL. *Missa. Entenda e participe.* São Paulo, Paulus, 2018.

GODOY, MANOEL. *Presbyterorum Ordinis.* Texto e comentário. São Paulo, Paulinas, 2012.

FABRETTTI, FREI. *Dinâmica para a equipe de Liturgia.* 17ª ed. Petrópolis, Vozes, 2007.

HOUAISS, ANTÔNIO (E OUTROS). *Dicionário Houaiss da Língua Portuguesa.* Rio de Janeiro, Objetiva, 2004.

KOLLING, IR. MIRIA. "A função do Salmista". In.: https://www.a12.com/redacaoa12/musica/a-funcao-do-salmista. Consulta em 04/06/2020.

LACOSTE, JEAN-YVES. *Dicionário crítico de Teologia.* São Paulo, Paulinas; Loyola, 2004.

LECIONÁRIO SEMANAL II. *Palavra do Senhor.* 5ª reimpressão, São Paulo, Paulus, 2008.

LECIONÁRIO III. *Para as Missas dos Santos, dos comuns, para diversas necessidades e votivas.* 5ª reimpressão, São Paulo, Paulus, 2009.

LECIONÁRIO DOMINICAL I – A-B-C. *Palavra do Senhor.* 5ª reimpressão São Paulo, Paulus, 2008.

LECIONÁRIO DO PONTIFICAL ROMANO IV. *Palavra do Senhor.* 2ª ed. São Paulo, Paulus, 2007.

LITURGIA DIÁRIA – Ano XIX – n. 228 – Dezembro de 2010. São Paulo, Paulus/Paulinas, 2010.

LITURGIA DIÁRIA – Ano XX – n. 229 – Janeiro de 2011. São Paulo, Paulus/Paulinas, 2010.
MADUREIRA, LUÍS ARISTIDES. *Formação para leitores e comentaristas litúrgicos.* Uberlândia, A Partilha, 2006.
MISSAL ROMANO. *Instrução Geral sobre o Missal Romano.* 7ª ed. São Paulo, Paulus, 1992.
ODORISSIO, MAURO. *Missa:* mistério – celebração – organização. 4ª ed. São Paulo, Ave-Maria, 1994.
OLIVEIRA, XAVIER DE. *Comunicando a Palavra de Deus. Técnicas de comunicação e utilização de multimídia em homilias.* Uberlândia, A Partilha, 2006.
PAULO VI, PAPA. *Ministeria Quædam.* Carta Apostólica sob a forma de Motu proprio. Roma, 1972.
PAULO VI, PAPA. *Presbyterorum Ordinis.* Sobre o ministério e a vida dos presbíteros. Roma, 1965.
PAULO VI, PAPA. Constituição *Sacrosanctum Concilium* sobre a Sagrada Liturgia. In.: *Concílio Vaticano II. Mensagens, discursos e documentos.* 2ª ed. São Paulo, Paulinas, 2007.
PAULO VI, PAPA. *Ritual Romano. Ritual da iniciação cristã de adultos.* 4ª ed. São Paulo, Paulinas, 2011.
PEREIRA, JOSÉ CARLOS. *Eis o mistério da fé. Para entender e participar melhor da missa.* Goiânia/GO, Scala, 2019.
PEREIRA, JOSÉ CARLOS. *Equipes de celebração. Orientação e subsídio.* Petrópolis/RJ, Vozes, 2011.
PEREIRA, JOSÉ CARLOS. *Liturgia. Sugestões para dinamizar as celebrações.* 2ª ed. Petrópolis/RJ, Vozes, 2009.
PEREIRA, JOSÉ CARLOS. *Liturgia da Palavra I. Reflexões para os dias de semana.* 4ª reimpressão, São Paulo, Paulus, 2019.
PEREIRA, JOSÉ CARLOS. *Liturgia da Palavra II. Reflexões para os domingos, solenidades, festas e memórias.* 4ª reimpressão, São Paulo, Paulus, 2019.
PEREIRA, JOSÉ CARLOS. *Curso de formação para leitores e comentaristas.* Petrópolis/RJ, Vozes, 2013.
PEREIRA, JOSÉ CARLOS. *Sugerencias para dinamizar las celebraciones. Ciclo A*, Ediciones Dabar S.A, México/DF, 2010.

PEREIRA, JOSÉ CARLOS. *Sugerencias para dinamizar las celebraciones. Ciclo B*, Ediciones Dabar S.A, México/DF, 2010.
PEREIRA, JOSÉ CARLOS. *Sugerencias para dinamizar las celebraciones. Ciclo C*, Ediciones Dabar S.A, México/DF, 2010.
SAGRADA CONGREGAÇÃO PARA O CULTO DIVINO. *Cerimonial dos Bispos. Cerimonial da Igreja*. 4ª ed. São Paulo, Paulus, 2008.
SAGRADA CONGREGAÇÃO PARA O CULTO DIVINO. *Missal Romano*. 12ª ed. São Paulo, Paulus, 2012.
SAGRADA CONGREGAÇÃO PARA O CULTO DIVINO. *Ritual do Matrimônio*. 17ª reimpressão. São Paulo, Paulus, 2018.
SAGRADA CONGREGAÇÃO PARA O CULTO DIVINO. Ritual de Bênçãos. 2ª ed. Petrópolis e São Paulo, Vozes e Paulinas, 1990.
SAGRADA CONGREGAÇÃO PARA O CULTO DIVINO. *Ordenação do Bispo, dos Presbíteros e Diáconos*. 3ª ed., Conferência Episcopal Portuguesa. Lisboa, 2000.
SAGRADA CONGREGAÇÃO PARA O CULTO DIVINO. *Liturgia das Horas segundo o Rito Romano*. Vol. I, II, II, IV. Petrópolis e S. Paulo, Vozes, Paulinas, Paulus, Ave-Maria, 1995.
SARTORE, DOMENICO E TRIACCA, ACHILLE M. (org.). *Dicionário de Liturgia*. 4ª ed. São Paulo, Paulus, 2009.
SCHLESINGER, HUGO E PORTO, HUMBERTO. *Dicionário Enciclopédico das Religiões*. Vol. I (A-J). Petrópolis, Vozes, 1995.
VATICANO II, Compêndio. *Sacrosanctum Concilium*. Petrópolis, Vozes, 1978.
VATICANO II, Compêndio. *Concílio. Mensagens, discursos e documentos*. 2ª ed. São Paulo, Paulinas, 2007.